Günter Kerschbaummayr

MIT DEN RAUNÄCHTEN *in die Neue Zeit*

Die Magie der 13 Heiligen Nächte für wahre Transformation nutzen

nymphenburger

Inhalt

[Vorwort](#) 5

[Die magische Zeit der 13 Raunächte](#) 13

1. Raunacht: 24. auf 25. Dezember 21
Die Familienwurzeln heiligen

2. Raunacht: 25. auf 26. Dezember 27
Die wahre innere Stimme kennen

3. Raunacht: 26. auf 27. Dezember 35
Sich von allem Unwahren loslösen

4. Raunacht: 27. auf 28. Dezember 41
Das Herz öffnen

5. Raunacht: 28. auf 29. Dezember 49
Tiefe Beziehungen eingehen

6. Raunacht: 29. auf 30. Dezember 55
In die Reinheit finden

7. Raunacht: 30. auf 31. Dezember 61
Den Übergang meistern

8. Raunacht: 31. Dezember auf 1. Januar 67
Die Schwingung erhöhen

9. Raunacht: 1. auf 2. Januar 73
Die wahren Wünsche kennen

10. Raunacht: 2. auf 3. Januar 79
Loslassen lernen

11. Raunacht: 3. auf 4. Januar 85
In die Essenz gehen

12. Raunacht: 4. auf 5. Januar 91
Etwas Neues manifestieren

13. Raunacht: 5. auf 6. Januar 97
Den Gral suchen – und finden

Abschließende Worte 102

Danksagung 102

Zum Autor 103

Zum Weiterlesen 104

Unterstützende Musik für deine Meditationen 105

Vorwort

Es gibt ganz verschiedene Zugänge zu den Raunächten. Meist geht es um traditionelle Bräuche, beispielsweise aus dem Bereich der Räucherkunde, oder um Geschichten über diese magische Zeit zwischen den Jahren. Diese Themen spielen für mich keine so große Rolle – mir geht es vielmehr um einen zeitgemäßen Weg zur Transformation in die eigene Essenz.

Vorwort

Ich beschäftige mich seit vielen Jahren mit den Themen Wandel und Transformation. Ein besonderes Anliegen sind für mich neue Perspektiven, wie wir zu einer gesünderen, nachhaltigen und liebevolleren Welt beitragen können. Mir war immer schon bewusst, dass in dieser Welt irgendetwas nicht stimmt. Vieles war für mich unschlüssig und oft auch sehr unmenschlich. Die damit verbundene Motivation und die Beschäftigung mit den Themen »Transformation und Lösungen für eine Neue Zeit« begleiten mich heute mehr denn je.

Mein Leben ist geprägt von vielen Erfahrungen, durch die ich tiefe private und berufliche Transformationsereignisse meistern sollte. Das prägendste Erlebnis war 2003 der Tod meiner Tochter, die einen Monat nach der Geburt verstarb. So traurig das war, so kam ich dadurch gleichzeitig in Kontakt mit den »höheren Kräften«, die mich seit damals deutlich spürbar begleiten und führen. Diese und andere Erfahrungen waren einerseits sehr herausfordernd, jedoch kam ich auch in Kontakt mit einer anderen Ebene und lernte bei vielen Fragen des Lebens die größeren Zusammenhänge besser zu verstehen.

Auch die Astrologie gewann dadurch für mich eine neue Qualität, was nach entsprechender Vertiefung den Ruf im mir größer werden ließ, daraus einen Beruf zu machen. Das war die Geburt einer Vision um das Jahr 2012: Neues Wachstum für eine Neue Zeit. Mein eigenes Konzept Matrix Coaching wurde geboren und sollte mich auf eine vielfältige und spannende Reise führen.

MEINE INSPIRATION

Im Winter 2015 dann wurde ich im Rahmen einer privaten Weihnachtsveranstaltung von einer Freundin mit Raunachtskarten beschenkt. Beim Lesen der Überschriften zu diesen Nächten machte ich Bekanntschaft mit Themen, die mir bestens vertraut waren. Es waren die wichtigsten Themenkreise, die ich bereits in meiner Transformationsarbeit behandelte und die mir somit bestens vertraut waren. Ich wurde durch dieses ganz besondere Kartenset zu neuen, tiefgreifenden Fragen und Bewusstwerdungen angeregt und inspiriert.

Neugierig geworden, kaufte ich sogleich alle gängigen Raunachtbücher. Ich wollte unbedingt wissen, was es mit dieser besonderen Zeit auf sich hat. All diese Bücher waren schön aufgemacht und wunderbar zu lesen. Dennoch war ich etwas irritiert, denn das Wesen, das ich

darin vermutete, kam nicht so klar zum Ausdruck. Der Bogen zum Ursprung dieses Brauchtums wurde zwar geschlagen und mir wurde auch klar, wie dies damals gelebt wurde. All das war interessant. Aber was bedeutet das alles für die Zeit, in der wir jetzt leben und wohin uns die Kraft der aktuellen großen Transformation führt? Es war für mich damals schon absehbar, dass eine grundlegende Wende zu erwarten ist, was sich dann auch ab Januar 2020 deutlich zeigte.

Das Thema ließ mir keine Ruhe und so kam zunächst die Idee auf, zu den jeweiligen Tages-Qualitäten, die auf den Karten standen, eigene Fotos zu machen. Zudem formulierte ich Texte dazu, die ich aus meiner eigenen Arbeit ableiten konnte. Die Verbindung von Transformation und den dazu passenden Weisheiten aus den Zeitqualitäten stieß in den sozialen Medien auf eine enorme Resonanz. Dem Ruf folgend wiederholte ich dies in den Jahren danach und gestaltete dabei die Texte etwas umfassender. Nach zwei weiteren Jahren der Reifung griff ich die Idee auf, dies auch in einem Live-Online Programm im Winter 2019/20 durchzuführen.

Erneut wurde ich bestätigt von der großen Resonanz, da die Teilnehmer auch nach den Raunächten mit mir weiterarbeiten wollten. Mangels Alternative modifizierte ich die Raunächte in einer Form, dass daraus ein umfassendes Transformationsprogramm entstand. Neues Wachstum wurde geboren – und dieses Format findet seitdem mehrfach im Jahr mit wunderbaren Gruppen statt. In meiner Begleitung durch die Zeit der Raunächte fließen besonders die aktuellen Zeitqualitäten und jene des kommenden Jahres ein. Dadurch entsteht eine kraftvolle Symbiose von Transformation und Zeitqualität, die auch live und online zu erfahren sind.

TRANSFORMATION IN DIE NEUE ZEIT

Umso mehr freue ich mich, dass ich in nun auch in einem Buch die Kernelemente von Transformation, wie sie in den Raunächten in zeitgemäßer Form erfahren werden können, in die Welt tragen darf. Besonders in diesen Jahren des tiefgreifenden Wandels sehe ich das als sehr schöne Möglichkeit an, losgelöst von den äußeren Gegebenheiten tiefer in das eigene Leben einzutauchen.

Es ist in meinen Augen wichtiger denn je, dass wir in Kontakt mit unserer Essenz und Größe kommen. Zu lange lebten wir jenseits unserer wahren Potenziale. Heute können wir gut erkennen, dass das System, in dem wir leben, enorm reformbedürftig ist. Das beginnt bei der Kindererziehung und den Schulen und geht weiter in Ausbildung und Beruf. Wir dürfen die alten, überholten und ungesunden Prinzipien dieses Paradigmas verlassen und neue Samen für eine Neue Zeit setzen. Eine Zeit, in der die feineren Qualitäten des Menschseins wieder gefördert werden. Insbesondere Kinder sind wahrlich heilige und schützenswerte Wesen.

»Werdet wie die Kinder«, heißt es nicht umsonst in den Evangelien, und so starte ich die Raunächte am 24.12. mit der Geburt von Jesus Christus. Mir geht es dabei auf keinen Fall um Religion, sondern um das Bewusstsein, was das Christusprinzip für uns bedeutet. Letzten Endes ist die Reise durch die Raunächte genau dem gewidmet. Das Christusbewusstsein ist eine Metapher für unsere göttliche Essenz, mit der wir uns zum einen im Rahmen der Raunächte beschäftigen, die wir jedoch auch im restlichen Jahr nicht vergessen sollten. Es handelt sich dabei letztlich um ein allgegenwärtiges Prinzip des Lebens.

Dazu gibt es in den unterschiedlichen spirituellen Schulen verschiedene Zugänge. In der Quantentheorie wiederum sprechen wir dabei vom »ultimativen Beobachter«. Ich beziehe mich deswegen darauf, weil es eine Abkehr vom materialistischen Weltbild darstellt. Wir sind meiner Meinung nach weit mehr als ein zufällig geborener »Zellhaufen«, der aus Sicht der Evolutionstheorie von den Affen abstammen soll. Die modernen Wissenschaften, insbesondere auch die Neurobiologie, helfen uns, diese alten Grenzen zu überwinden. Die Zeit der Trennung von Naturwissenschaft und Geist ist vorüber. Über die Astrologie und meine Transformationsarbeit leiste ich dazu den mir möglichen Beitrag.

Die Verdichtung von all dem findet sich interessanterweise genau in den Raunächten wieder. In dieser Zeit haben die Menschen in der Regel mehr Kontakt mit den feineren Sinnen und somit auch zu sich selbst. Der Melatoninspiegel ist durch die dunkle Jahreszeit höher, was unsere Wahrnehmung verfeinert. Wir sehen und fühlen mehr, was auch neurowissenschaftlich bestätigt wird.

Deshalb beziehe ich mich in diesem Buch in einfacher Art und Weise auf jene Bereiche der Wissenschaft, die uns zeigen, dass es mehr gibt, als wir uns meist vorstellen. Denken im herkömmlichen Sinn wäre wahrscheinlich auch der falsche Zugang. Es ist vereinfacht gesagt mehr eine Art denkendes Fühlen.

DER WEG ZUR EIGENEN ESSENZ

Wahrnehmung und Bewusstsein sind die großen Themen der jetzigen Zeit. Viele haben mittlerweile gelernt, dass es schwerwiegende Konsequenzen haben kann, wenn wir vermeintlichen Experten oder auch den Medien blind vertrauen.

Die Zeit der Raunächte lässt uns etwas Abstand nehmen zu dieser Welt da draußen. Wir dürfen uns verbinden und in Kontakt kommen mit dem, was sich tief in uns zeigen möchte. Es ist so besonders wertvoll, diese Erfahrung mit sich zu machen und aus dem heraus in die Welt zu gehen. Sich seines wahren Wesens bewusst zu sein und der gereinigten inneren Wahrnehmung zu vertrauen, wird zur Kernkompetenz für das Meistern aller Herausforderungen.

Die Fragen des Lebens lieben zu lernen und das Vertrauen zu haben, eines Tages in die Antworten hineinzuleben, war eine weise Botschaft von Rainer Maria Rilke in seinem Gedicht »Über die Geduld«. Sehr hilfreich dabei ist, dass wir das niemals vergessen. Besonders in dieser Zeit des gesellschaftlichen Übergangs ist das eine wichtige Haltung für mich geworden, denn es gibt noch so viel, was uns das Leben zeigen möchte auf dem Weg zu unserem wahren Sein.

Du findest in diesem kompakten Werk zentrale Themen und Übungen, die dir weit über die Raunächte hinaus gute Dienste leisten werden. Wenn du tiefer einsteigen möchtest, schau auf meiner Webseite vorbei, wo du weitere Inspirationen und Vertiefungen findest: darunter auch, ergänzend zum Buch, spezifische Blogbeiträge zur aktuellen Zeitqualität.

Hab eine gute Reise und bewegende Erkenntnisse für deine wahre Transformation!

HerzLicht,
Günter

Über die Geduld

Man muss den Dingen
die eigene, stille,
ungestörte Entwicklung lassen,
die tief von innen kommt
und durch nichts gedrängt
oder beschleunigt werden kann,
alles ist austragen – und
dann gebären …

Reifen wie der Baum,
der seine Säfte nicht drängt
und getrost in den Stürmen des Frühlings
steht, ohne Angst,
dass dahinter kein Sommer
kommen könnte.

Er kommt doch!
Aber er kommt nur zu den Geduldigen,
die da sind, als ob die Ewigkeit
vor ihnen läge, so sorglos, still und weit …

Man muss Geduld haben.
Mit dem Ungelösten im Herzen,
und versuchen, die Fragen selber
lieb zu haben,
wie verschlossene Stuben,
und wie Bücher, die in einer sehr fremden
Sprache geschrieben sind.

Es handelt sich darum, alles zu leben.
Wenn man die Fragen lebt,
lebt man vielleicht allmählich,
ohne es zu merken,
eines fremden Tages
in die Antworten hinein.

Rainer Maria Rilke, 1903

Die magische Zeit der 13 Raunächte

Heute beginnt eine Reise – vielleicht sogar die wichtigste Reise in deinem Leben. Sie wird einiges von dir verlangen: dass du dich von gewohnten, aber hinderlichen Prägungen löst, in die Sille gehst und deiner inneren Stimme zuhörst, dir neue Fragen zu deinem Lebensauftrag stellst – und den Mut findest, in deine Essenz zu gehen. Doch es wartet auch eine reiche Belohnung auf dich: ein neues, echtes und wahrhaftiges Leben.

Die Raunächte für Transformation nutzen

Transformation ist ein Lebensthema, das nicht an Jahreszeiten gebunden ist. Im Zusammenhang mit den Raunächten führt es aber in die wesenhafte und bedeutsame Tiefe der eigenen wahren Essenz. Diese Qualität unseres Seins kann in der Zeit mit den längsten Nächten des Jahres besonders gut wahrgenommen werden. Dunkelheit ist äußerst hilfreich bei der *Aktivierung der Zirbeldrüse* und der Ausschüttung des Melatonins. Dadurch wird unser drittes Auge wach und unsere höhere Wahrnehmung verfeinert sich.

An 13 Tagen beschäftigen wir uns mit den wichtigsten Themen für das persönliche und spirituelle Wachstum. Wir sind dann mehr als jemand mit seinen normalen weltlichen und gesellschaftlichen Attributen. Allzu oft beschränken wir uns dabei auf das Materielle und äußerlich Greifbare. Doch sind wir darüber hinaus vor allem geistige und fühlende Wesen. Wesen, die in ihrem Bewusstsein niemals sterben werden.

So dürfen wir also loslassen von jeder Identifikation mit einem rein irdisch geprägten Leben und uns dem widmen, wer wir eigentlich sind.

In diesem Buch bekommst du sowohl einen inhaltlichen Zugang zu deinem wahren Wesen als auch ein größeres Bewusstsein davon. Auch von dessen Bedeutung für deinen Lebensweg. Ein Bewusstsein, das von da an wachsen und größer werden kann.

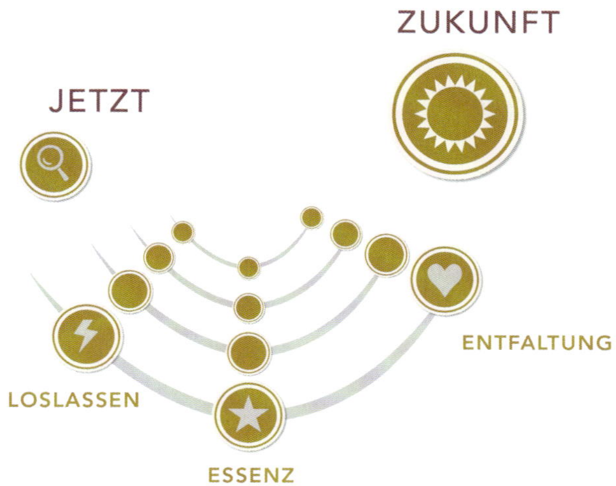

▲ Wir bewegen uns Schicht für Schicht und phasenartig in Richtung der Kernelemente, die das Wesen wahrer Transformation repräsentieren: Loslassen, Essenz und Entfaltung unserer wahren Potenziale.

Viele Menschen spüren deutlich den Impuls, diese Tage für ihr persönliches Wachstum zu nutzen. Vertraue dem und lasse dich auf diesen Prozess ein. Blättere nicht aus Neugier nach vorn, sondern bleibe immer im Hier und Jetzt. Konzentriere dich auf die einzelnen Tage und beschäftige dich mit den jeweiligen Fragen. Gehe es entspannt und spielerisch an.

ZEIT FÜR PERSÖNLICHES WACHSTUM

Du wirst in den kommenden Tagen neue Ebenen beschreiten und tief in Kontakt kommen mit deiner Essenz. Dabei lernst du auf einfache Weise, wie du die brachliegenden Potenziale in deinem Unterbewusstsein aktivierst. So wie im Frühling die neuen Knospen erst dann sprießen können, wenn die alten Blätter abgefallen sind, so ist es auch für Übergangs- und Transformationsprozesse. Im Winter beispielsweise, in der Zeit des Rückzugs, träumt die Natur vom neuen Frühling und bereitet sich darauf vor. Du kannst das Prinzip der Transformation sehr schön an den Jahreszeiten erleben. Das kann dich inspirieren, wieder mehr mit den natürlichen Zyklen zu leben und sie bewusster wahrzunehmen. Die Natur hilft dir. In der Stille, wenn alle Reize verschwinden, kommst du dir wirklich nahe.
Die *Zyklen des Lebens* sind dabei das zugrunde liegende Prinzip. Es gibt unzählige davon. Bei-

spielsweise den Tag-Nacht-Zyklus oder den Zyklus des Mondes über 28 Tage. Das Verstehen und Erfühlen dieser Zyklen sind wesentliche Fähigkeiten, die immer wichtiger werden. Sie helfen dir dabei, dir selbst näherzukommen, denn wir alle leben stets mit diesen Zyklen. Wenn du deine Aufmerksamkeit auf sie richtest, verstehst du dich selbst immer besser. Du gelangst mehr und mehr in deinen wahren inneren Kern. Dabei Altes loszulassen, ist eine Voraussetzung dafür – erst dann können sich die eigenen Intuitionen zeigen und deine Essenz kann sich entfalten.

Meist geht es bei der Annäherung an das eigene Wesen um grundlegende Fragen. Je grundlegender die Frage, desto schwieriger ist es erfahrungsgemäß auch, eine Antwort zu erhalten. Eine dieser Fragen bezieht sich auf das wahre Potenzial.

WIE ERKENNST DU DEIN WAHRES POTENZIAL?

Es mag viele Wege geben, sich dieser Frage zu widmen. Alles, was in *erweiterte Bewusstseinszustände* und in andere Gehirnfrequenzen bringt, hilft dir dabei, das Alltagsbewusstsein zu verlassen und andere Regionen und Frequenzbereiche deines Gehirns zu erschließen. Auf diese Weise aktivierst du mehr und mehr die 90 Prozent des bislang brachliegenden Potenzials deines Gehirns. Es sind meist Bereiche des Mittel- und Kleinhirns, wo sich auch unser Unterbewusstsein befindet.

Du kommst dadurch in Trancezustände und erhälst dabei die Schlüssel für die verborgenen Schätze deines Unterbewusstseins. Dort findest du Energie und einen klaren Fokus für das Neue oder das, was du in die Welt bringen

Ebenen, denen wir bei unserer Reise begegnen können. Sie beinhalten jene Energien, die wir in den Raunächten implizit behandeln. ►

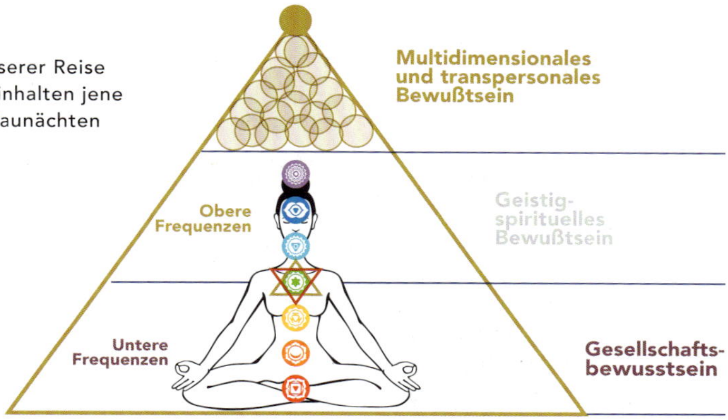

möchtest. Es gibt sehr kraftvolle und effektive Techniken, die dies fördern. Ich habe dazu ein eigenes Format kreiert, das ich *Trance-Formation* nenne. In diesem Format tauchst du ein in ein tieferes Bewusstsein und nutzt dabei Atemtechniken zur Aktivierung der Zirbeldrüse. Dies bringt dich in einen Zustand, in dem du deinem wahren Wesen begegnest. Durch Frequenzen, die einen Trancezustand induzieren, erweiterst du deine Wahrnehmungsfähigkeit, bleibst dabei aber präsent und klar.

WAS WILLST DU MANIFESTIEREN?

Letzten Endes geht es um die Frage, was genau wir in die Welt bringen wollen und wie dies gelingen kann. Was sind unsere Herzenswünsche und vor allem, was ist unser *Seelenauftrag* oder unsere Lebensaufgabe? Wie erkennen wir die Botschaften und Signale, die uns die Richtung der Veränderung zeigen? Und: Woher wissen wir, dass bei den aufkommenden Antworten auf die Frage, was sich in unserem Leben zeigen will, keine Konditionierungen oder alten Muster aktiv sind? Nicht immer ist das, was sich gut anfühlt, entwicklungsträchtig, und nicht immer ist Widerstand ein negatives Zeichen. *Die alten Programme hinter sich zu lassen*, ist Teil des Prozesses in dieser Zeit.

Sowohl in diesem Buch als auch vertiefend in meiner Online-Raunachtsbegleitung – und noch tiefgreifender beim Format »Neues Wachstum« – geht es darum, den Mut aufzubringen, in sich zu gehen. Von der göttlichen Matrix in dir empfängst du die wesentlichen Botschaften und erkennst dann intuitiv, wohin dich die Reise führen will.

Die Reise durch die Raunächte hat auch immer mit den aktuellen gesellschaftlichen Zuständen zu tun. Besonders in diesen Zeiten des Wandels sind hier oftmals Entwicklungen zu erkennen, die für das wahre Menschsein nicht besonders förderlich sind. Für viele entsteht in

Bezug auf das »untere« *Gesellschaftsbewusstsein* die Frage: Wie kann ich meine Frequenzen anheben und andere Ebenen aktivieren, um durch ein *geistig-spirituelles Bewusstsein* mit neuen Perspektiven besser und wahrhaftiger zu sein?

Darüber hinaus gibt es auch die Ebene der Unendlichkeit, die Ebene jenseits des irdischen Daseins. Diese bezeichne ich als *multidimensionales und transpersonales Bewusstsein*, das in Kontakt mit der wahren Essenz und unserem Schöpferbewusstsein ist. Sie erst bringt dich in eine echte Verbindung mit deinen wahren Potenzialen.

Immer wieder dürfen wir uns darin üben, den Kontakt herzustellen, bis es irgendwann ganz leicht wird. Wenn wir leichtfertig oder in Eitelkeit glauben, wir sind schon so weit, kann es durchaus sein, dass wir uns irren. Diese Reise ist wahrscheinlich niemals zu Ende. Vor allem dann, wenn wir uns vorstellen, dass es noch unzählige Planeten mit unterschiedlichen intelligenten Lebensformen gibt. Diese Sternengeschwister sind in Kontakt mit uns. Sie sind Teil unserer wahren Wurzeln, dem Thema der ersten Raunacht.

UNTERSTÜTZUNG DURCH RÄUCHERN

Feuer ist das erste Mittel für Transformation und ebenso für Reinigung. Es steht dafür, dass sich stoffliche Materie auflöst. Jede Form geht, doch der innewohnende Geist bleibt. Gott lebt in allen Dingen. Jedes »Ding« hat ein Bewusstsein. In diesem Sinn hat auch das Räuchern eine besondere Bedeutung, gerade da es die geistige Essenz freilegt.

»Geist über Materie« ist hier der Wesenskern. Das Feuer besitzt eine transformierende Kraft und befreit den Geist, weswegen Feuerrituale zu den Raunächten grundsätzlich meist sehr kraftvoll sind. Beim Räuchern kommen die *Absicht* und die *Haltung* hinzu, mit der geräuchert wird. Das ist fast wichtiger als die Wahl des Räucherwerks selbst. Der befreite Geist verteilt sich im Raum. Je nach Qualität und Essenz, die im Räucherwerk liegt, gibt es dabei unterschiedliche Wirkungen. Zu diesem Themengebiet findest du einiges an Literatur und gute Experten, die sich damit beschäftigen (siehe Seite 104 f.).

Das Räuchern kann vor allem dann eine sehr unterstützende Angelegenheit sein, wenn du ausreichend Zeit und Muße dafür aufbringen kannst. Gerade jene, die sich seit langer Zeit damit beschäftigen, raten dazu, bei der Wahl der Räucherwerke ganz unverkrampft die *eigene Intuition* zu nutzen und diese dabei auch gleich zu trainieren, um erst dann das Räucherwerk zu wählen, welches die Wirkung in sich trägt, die die entsprechende Absicht unterstützt. Ich selbst praktiziere dies genau so und es ist eine beeindruckende Erfahrung, wie sich die Qualitäten dadurch fühlbar und deutlich verändern.

Zum Räuchern kannst du getrocknete Pflanzen, Blüten, Holz oder Harze und eigentlich fast alles Stoffliche verwenden. Lasse dich dabei führen und von jenen Materialien für anziehen, deren Geist befreit werden will. Symbolisch kannst du auch Zettelchen verbrennen,

auf die du schreibst, was du transformieren oder verabschieden möchtest. Fühle dich stets frei und gehe intuitiv dem nach, wozu du den Impuls verspürst.
Mache gern daraus ein Ritual oder sogar eine kleine Zeremonie. Besonders zum Jahreswechsel darf es hier einen Akzent geben. Du kannst auch zwei Räucherrunden durch deine Wohnung machen. Eine Runde dient der Reinigung. Öffne danach die Fenster zum Durchlüften. Die zweite Runde dient jener Energie, die du im jeweiligen Zimmer oder im Haus wünschst. Viele machen die Runden zuerst im und dann gegen den Uhrzeigersinn.
Ich selbst gebe dem weniger Bedeutung, sondern mehr meiner Intention, die dabei sehr konzentriert ist. Meiner Meinung nach ist der Geist stets wichtiger als irgendwelche Regeln. Beschreite jede Runde mit präsenter Haltung und einem klaren Fokus. Trainiere deinen Fokus dabei.

Naturmaterialien für Räucherrituale

Ich verwende beim Räuchern sehr häufig das **Palo Santo**, das ich imzuge meiner schamanischen Ausbildung kennengelernt habe. Es stammt aus Peru und dient einerseits der Reinigung und dem Schutz, andererseits hilft es bei der Aktivierung der Zirbeldrüse. Ansonsten befinden sich in meiner Schublade alle möglichen Harze, Hölzer, Kräuter- und Blumenmischungen. Meine Präferenzen ändern sich von Jahr zu Jahr. Ich beobachte mich, wenn ich mich in der Natur aufhalte. Jene Qualitäten, die ich mehr leben möchte, nehme ich in Form bestimmter Kräuter oder Harze mit nach Hause und verwende sie für ganz individuelle Räucherrituale.

1. Raunacht

24. auf 25. Dezember
Die Familienwurzeln heiligen

Die Familie ist die wichtigste Umgebung für unsere ersten großen Lernerfahrungen. Wir wurden nicht zufällig in sie hineingeboren. Die Heilung unserer familiären Wurzeln ist die Grundvoraussetzung für wirkliches Wachstum. Auch wenn wir uns bereits intensiv damit beschäftigt haben, so ist doch vieles so tief verankert, dass es Jahre dauern kann, bis die wichtigsten Themen gelöst sind.

Die Familie ist heilig, und so starte ich mit diesem Thema. Wir alle sehnen uns nach einem friedlichen Zuhause, wo wir liebevoll miteinander verbunden sind. Schaffen wir diese Lebensqualität möglichst bewusst und verbinden wir uns harmonisch mit unseren Liebsten. Für die erste Raunacht gilt also als Ziel: Frieden finden mit deiner Herkunftsfamilie. Auch wenn das vielleicht bereits der Fall ist, so könnten auf einer unterbewussten Ebene noch Verletzungen wirken, die heilen wollen. Ohne nun zu tief in die Thematik einzutauchen, kannst du dich zunächst deinen eigenen *Prägungen* widmen. Werde dir dabei bewusst, was durch schwierige Phasen deines Lebens ausgelöst wurde. Was konntest du meistern – was ist vielleicht noch unerlöst

Ein Thema könnte beispielsweise sein, dass du noch sehr auf dich bezogen bist. In der ersten Raunacht ist es sinnvoll, dass du dir zunächst ein Bild zur Geschichte und dem Leben deiner Eltern und gern auch deiner Großeltern machst: Wie haben sie gelebt und wodurch waren sie geprägt? Beachte dabei auch, dass die Gesellschaft und die jeweiligen Systeme stets einen enormen Einfluss ausüben. Nimm dir Zeit beim Eintauchen in die Welt deiner Vorfahren … Führe wenn möglich Gespräche und frage, wie es damals war. Wie deine Mutter, dein Vater oder deine Oma und dein Opa ihre Kindheit verbracht haben und was damals so passierte. Was waren ihre wichtigsten Erfahrungen? Wo in der Familie fanden besondere Begebenheiten statt, die vielleicht systemisch noch immer nachwirken.

DURCH DIE ELTERN, ABER NICHT VON IHNEN

Was bedeutet diese Aussage für dich, welche Gedanken löst sie aus? Die Idee dahinter ist: Wir haben vor allem geistige Wurzeln sowie viele Begleiter aus der geistigen Welt. Wenn wir ausschließlich mit der Erde verwurzelt wären, welchen Raum hätten dann die geistigen Wurzeln? Diese Frage mag dir Inspirationen schenken, das Thema mit der Familie neu, aus einer anderen Perspektive zu betrachten. Sei dir bewusst, dass nur dein Körper von deinen Eltern stammt. Dein essenzielles Selbst ist nicht von dieser Erde, es bewohnt lediglich deinen Körper. Somit bist du nicht dein Körper. Was vielleicht etwas spirituell-poetisch klingt, hat es konsequenterweise jedoch in sich …

Die Bewusstwerdung, ein primär geistiges Wesen zu sein, beinhaltet gleich die Kernaussage für deine gesamte Reise durch die Raunächtezeit, die dich auf neue Ebenen führen soll. Mache dir heute bewusst: *Du bist in dieser Welt, aber nicht von ihr.*

Besonders heutzutage ist es wichtiger denn je, sich bewusst zu machen, dass neue Perspektive auf das Leben sehr hilfreich sind für die eigene Entwicklung. Mit dem Blick durch eine »Quantenbrille« oder aus einer neutralen, übergeordneten Beobachterperspektive erkennst du beispielsweise den Wesenskern in dieser Zeit des Umbruchs viel besser. Daraus kannst du ohne angstbesetzte Emotionen andere Schlüsse ziehen und findest zu völlig neuen Erkenntnissen, die für deine Zukunft entscheidend sein können. Im Lauf der Raunächte gelangst du in solche Perspektiven – sie werden dich dann immer mehr führen.

Es macht einen großen Unterschied, ob du aus Angst und Unsicherheit vor der Zukunft Entscheidungen triffst oder aus dem Blickwinkel deiner wahren Größe. Besonders in diesen Zeiten zeigen sich beide Tendenzen sehr stark. Der Fokus in den Raunächten richtet sich natürlich primär auf die Entfaltung aus der Essenz heraus, aus dem Gefühl des Vertrauens.

HEILUNG DEINER WURZELN

In solche neuen Perspektiven kannst du nur wachsen und dich dabei in den Himmel strecken, wenn deine Wurzeln gesund sind. Am 24. Dezember, dem Heiligen Abend der Familie, bietet sich dazu eine wunderbare Gelegenheit. Viele vergessen, dass die Familie tatsächlich heilig ist. Sie ist der Genpool des Körpers, den sich deine Seele für diese Inkarnation ausgesucht hat, und der Ausgangspunkt für viele Erfahrungen deiner Entwicklung.

Damit ist ein wichtiger Aspekt zu deiner Lebensaufgabe, dem Schicksal und den *Dynamiken deiner Ahnenlinie* verbunden. Die Aufgabe liegt darin, zu erkennen, dass wir fast immer Eigenschaften und Muster von unseren Vorfahren übernehmen. Häufig gibt es in den verschiedenen Generationen immer wieder auftauchende Themen. Beziehungsmuster und -präferenzen wie bestimmte Statussymbole, Berufe oder auch Erkrankungen sowie Umgangsformen gehören dazu. Bei jeder Familie zeigen sich erfahrungsgemäß solche wiederkehrenden Themen. Erst wer diese in Frieden und mit tiefen Erkenntnissen verbunden lösen konnte, ist reif für wahre Meisterschaft. Diese liegt dann stets jenseits der biologischen Herkunft.

Jeder Mensch trägt Themen der Ahnen in sich. Wenn du dir dessen bewusst wirst und unterscheiden lernst, was du als Geschenk deiner Ahnen und deiner Familie annimmst, und wovon du dich lösen kannst, wird das dein Leben bereichern und auch erleichtern. Deine Sonne kann erst wirklich dann strahlen, wenn die »Ordnung« im Herkunftssystem hergestellt ist. Vor allem erst dann, wenn du im Frieden und in der Liebe mit deiner Herkunftsfamilie bist. Das ist ein systemisches Prinzip und Gegenstand vieler Familienaufstellungen.

Wenn du dir also bewusst gemacht hast, wer in deiner Familie welches Schicksal hatte und was daraus entstanden ist, wirst du Zusammenhänge mit deinem eigenen Leben erkennen. Indem du bewusst damit umgehst, entwickelt sich deine Seele und wird immer freier.

DIE FAMILIE IST HEILIG

Die erste Raunacht beginnt mit der *Geburt von Jesus Christus* und der Geschichte zur *Heiligen Familie*. In die Umgebung deiner eigenen »heiligen« Familie beginnst du heute. Die Integration der damit verbundenen Themen führt dich dann mit einem vielleicht sogar völlig neuen Bewusstsein auf den Weg zu deinem wahren Sein und letztlich dadurch zur Heilung.

Was auch immer du mit deinen Eltern erlebt hast, du kannst dir sicher sein, dass sie dir in ihrem Innersten auf ihre Weise ihre Liebe ausdrücken wollten. Oft ist die Liebe der Eltern nicht offensichtlich. Zudem hatten ja auch bei ihnen die Prägungen durch die eigene Erziehung einen großen Einfluss. Beispielsweise bei der Einschätzung, was für ihre Kinder gut sein könnte. Auch frühere gesellschaftliche Normen waren oftmals einschränkender und unfreier als heutzutage. Um nur ein Beispiel zu nennen: Eine Ausbildung zu bekommen war nicht selbstverständlich und die Berufe waren in einem Stände- und Zunftwesen meist bereits von vornherein festgelegt.

Du darfst immer davon ausgehen, dass mehr von deinen Eltern in dir steckt, als dir vielleicht

bewusst oder lieb ist. Sie waren die ersten Vorbilder. Durch die ersten sinnlichen und energetischen Wahrnehmungen sind wir alle stärker geprägt, als uns meist bewusst ist. Dadurch laufen viele *Muster und Programme fast autonom* ab. Sie werden aus den Regionen des Mittelhirns gesteuert.

Als Erwachsene können und dürfen wir prüfen, inwiefern wir das, was wir bei unseren Eltern vermissen oder an ihnen kritisieren, nicht selbst auch unbewusst leben. Denn ohne es bewusst zu wollen, hast du wahrscheinlich immer wieder auch andere Menschen – vielleicht auch deine Eltern – durch dein Verhalten verletzt. Meist gehen wir mit anderen Menschen unbewusst in dem Stil um, wie wir es in den ersten Jahren unseres Lebens erfahren und erlebt haben. Das zu erkennen und zu integrieren, kürzt viele Bemühungen um Entwicklung ab. Mach dir ein paar Notizen dazu, am besten in einer meditativen Haltung. Das bedeutet, dass du sehr präsent die obigen Zeilen wirken und all das fließen lässt, was sich zeigt.

DAS CHRISTUSBEWUSSTSEIN ANSTREBEN

Das *Christusbewusstsein* ist für mich eine Metapher für die jetzige Zeit. Das beginnt mit der Beobachtung, dass es meiner Meinung nach gerade heutzutage viele kritische Entwicklungen gibt: Kontrolle, Angst und Gewalt herrschen immer mehr vor. Die Willensbildung findet immer weniger basisdemokratisch als vielmehr von oben herab statt. Spaltung und Ausgrenzung sind ein fester Bestandteil des Lebens geworden. Das sind Aspekte einer dunklen, fast schon dämonisch anmutenden Seite der

Menschheit. Umso mehr fokussiere ich mich in meinem Leben und meiner Arbeit auf das, was der Menschheit dient – und das hat viel mit Christus zu tun. Die Raunächte beginnen mit Weihnachten, mit der Geburt des Jesus Christus. Mehr denn je darf uns das als Orientierungshilfe dienen, und zwar jenseits institutionell-religiöser Prägungen und Vorschriften. Es gilt vielmehr, niemals den Glauben zu verlieren, dass wir das *Christus-Licht in uns selbst* finden und es die beste Orientierung für unser Leben ist.

Jeder von uns hat das Göttliche in sich. Der Unterschied zwischen Jesus Christus und uns ist »nur«, dass er dies nicht nur wusste, sondern auch danach lebte. Er sagte uns ja auch, dass wir dieselben Dinge tun können wie er. Gott ist in uns und wir alle (!) sind Gottes Töchter und Söhne. Darum geht es letzten Endes. Deswegen gibt es für mich auch nicht 12, sondern 13 Raunächte, die in der Nacht auf den 6. Januar mit dem Thema des »Heiligen Grals« enden. Dem Gral verleihen wir durch uns selbst Ausdruck. Diesem Mysterium nähern wir uns in den folgenden Nächten an. Insofern kannst du bereits heute schon das Ziel der kommenden Tage erahnen und dich darauf freuen.

Wir sind göttliche Wesen. Das darf uns besonders heute zum Tag der Geburt Jesu Christi eine Erinnerung sein an das, was sich durch uns zeigen will. Diese Bewusstwerdung kann dich bei deiner Reise in den kommenden Tagen stärken und tragen.

Fragen für dein persönliches Wachstum

- Welche Gefühle und Gedanken löst die Bewusstwerdung, ein vor allem geistiges Wesen zu sein, in dir aus?
- Welche Ähnlichkeiten gibt es in deinem Leben mit der Ursprungsfamilie?
- Wie hast du die Erziehung durch deine Eltern erlebt?
- Wodurch wurdest du geprägt?
- Welche Eigenschaften und Züge deiner Persönlichkeit sind daraus entstanden?

2. Raunacht

25. auf 26. Dezember
Die wahre innere Stimme kennen

Gestern begann alles mit der Aussage, dass wir das letzte Glied in der Kette unserer Ahnen sind und in einen bestimmten Genpool hineingeboren wurden. Vieles in uns liegt auf einer tiefen Ebene und ist uns meist nicht bewusst – es führt ein Schattendasein. Dadurch laufen unbewusste Prozesse ab, die sich beispielsweise auch als innere Stimmen zeigen. Innere Stimmen haben nicht allein den Hintergrund familiärer Prägung, doch er ist sehr bedeutsam. Daher ist es wichtig, sich dessen bewusst zu sein.

Frage dich: Welche von diesen Stimmen dominiert und inwiefern erkennst du Themen aus deiner Herkunftsfamilie? Alles, was unterdrückt bleibt, wird oft in Form von Projektionen gelebt. Manche ziehen dann beispielsweise Partner an, die bestimmte Merkmale der Eltern in sich tragen. Kommt dir das vielleicht bekannt vor?

Auch das weitere soziale Umfeld beeinflusst uns. Es spielt gleichermaßen in die Gefühle und das Denken hinein. In welchem Maß dies künftig geschieht, ist eben eine Frage der bewussten Bearbeitung. So kannst du dich heute folgenden Fragen stellen: In welchem Umfeld bewegst du dich und wie fühlst du dich dort? Inwiefern geht es dabei um das Thema der Anpassung? Was bedeutet es für dich, Teil einer Gruppe zu sein?

Das Bedürfnis nach Zugehörigkeit hat oft einen hohen Preis. Nämlich den, dass wir uns selbst nicht ganz treu sind. Das führt dazu, dass wir innerlich in Spannung geraten. Wie gehst du damit um? Die eigenen Bedürfnisse sind diesbezüglich wesentlich. Besonders dann, wenn du sie unterdrückst, weil sie nicht den Vorgaben oder Erwartungen deines Umfelds entsprechen. Beachte dabei auch Vorgaben, die aus der Beeinflussung durch die Medien und andere gesellschaftliche Systeme entstehen und dir einen sozialen Rahmen vorgeben sowie zugleich auch Grenzen aufzeigen.

Du bist gut beraten, wenn du all deine inneren Stimmen sortierst und sie als Repräsentanten innerer Anteile siehst – und zudem auch jene Anteile erkennst, die aus deinem gesellschaftlichen Umfeld stammen. Wenn du die fremden Anteile heraussortieren kannst, bist du einen großen Schritt weitergekommen in deiner Entwicklung: Als Ergebnis findest du zu deiner Intuition, die dich als eigene innere Stimme in den kommenden Raunächten und darüber hinaus wie ein roter Faden begleitet.

DIE INNEREN STIMMEN SORTIEREN

In unserem Kopf hören wir bei genauer und neutraler Betrachtung ständig Stimmen. Woher kommen sie? Was oder wer genau sind sie? Welche unter ihnen ist wesentlich für dich? Gibt es eine, die besonders wichtig ist? Es ist von großer Bedeutung, sich diese zentralen Fragen zu stellen.
Manche inneren Stimmen können »ältere Anteile« von uns sein oder verschiedene Aspekte unserer Persönlichkeit zum Ausdruck bringen. Frage dich: Drücken sich hier vielleicht die eingeprägten Stimmen deiner Eltern oder bestimmter Freunde oder Arbeitskollegen aus, die du übernommen hast? Oft hat sich die Werbung aus den Massenmedien so in deine Gehirnzellen eingebrannt, dass du glaubst, die suggerierten Bedürfnisse seien deine eigenen. Das nennt man Konditionierung. Oder kannst du vielleicht einen echten eigenen Anteil deiner selbst erkennen?
In der zweiten Raunacht liegt der Fokus auf folgender Bewusstwerdung: möglichst viele innere Stimmen zu erkennen und sie zu sortieren. Das führt dich dann automatisch zu jener Stimme, die dich wahrlich führt – zu deiner unverfälschten Intuition.

IN DIE KLARHEIT GEHEN

Solange deine inneren Stimmen nicht ausreichend sortiert und klar sind, werden deine Aufmerksamkeit und Energie geschwächt. *Geistige Klarheit* ist aber wesentlich für das Leben. Nur dann kannst du die Stimmen in dir entsprechend deuten und verstehen, was das Leben von dir will. Nur wenn du ganz bei dir selbst bist und die inneren Stimmen entsprechend geordnet hast, kannst du im Folgenden dein essenzielles Selbst oder deine Essenz jenseits der fünf Sinne Sehen, Hören, Riechen, Schmecken und Tasten wahrnehmen.

Wichtig ist also, dass du dich diesen Stimmen fokussierst widmest und sie in eine *Ordnung* bringst. Im Lauf der Zeit wirst du jene erkennen, die dich zu einer höheren Version deiner selbst und auf eine neue Ebene führen. Deine Reise durch die Raunächte wird dabei sehr unterstützt. Stelle jetzt noch einmal die Brücke zur gestrigen Raunacht her, wo du dich mit deinen familiären Wurzeln beschäftigt hast. Erkenne ganz klar und bewusst die frühkindlichen Prägungen durch deine Eltern und bringe Licht in dieses Dunkel. Da dein Denken außerdem durch die Normen deines Umfelds beeinflusst wurde und auch damit bestimmte Regeln und Grenzen verbunden sind, stehen vielleicht Themen wie Verlust von Zugehörigkeit oder Sanktionen im Raum. Sich diese Ebene bewusst vor Augen zu führen, ist ebenso sehr bedeutsam.

Gerade die aktuelle Zeitqualität macht dies deutlich. Wie mutig sind wir mit unseren Meinungen? Es braucht oftmals ein äußerst hohes Maß an Courage, die eigene Meinung zu vertreten. Hier gab und gibt es für viele Menschen häufig Erlebnisse, die das Thema der Zugehörigkeit und des Umgangs mit anderen Meinungen anschaulich machen. Besonders Erfahrungen in der eigenen Familie und im näheren sozialen Umfeld führen in vielen Fällen zu intensiven Prozessen der Auseinandersetzung – auch mit sich selbst. Umso wichtiger ist es, Gleichgesinnte zu finden, um sich mit ihnen intensiv auszutauschen und für die kommende Zeit zu stärken.

Das nähere Umfeld, wie enge *Beziehungen, Freunde, Arbeitskollegen* und unsere konkrete Wohnsituation, wirken vor allem durch die Intensität und Häufigkeit der Interaktion naturgemäß stärker auf uns. Hier sind wir oftmals mit unseren Gefühlen und Emotionen involviert und teilweise bestehen direkte Abhängigkeiten. Wir sind in vielen Fällen stark verflochten. Hier braucht es Zeit für Lösungen – und umso mehr ein Verständnis für die Dynamiken der Beziehungen und für die jeweiligen Rollen, die du einnimmst.

Dies betrifft letztlich auch *die Kultur, die Politik, die Medien* und all das, was sonst noch auf dich einwirkt. Es sind besonders die ständigen äußeren Reize, die uns beeinflussen. Sich diese bewusst zu machen, ist gar nicht so einfach. Ganz offensichtlich ist dies im Netz, bei den sozialen Medien und den jeweiligen Gruppierungen. Oftmals wählen wir auch dort eine Gruppe, in der wir uns – unbewusst durch die Prägungen bedingt – zugehörig fühlen.

Vor allem die gezielte Konditionierung durch Werbung und Massenmedien hat heutzutage einen sehr großen Einfluss. Die Wirkung ist oft subtil und meist manipulativ, wie wir es gerade in den letzten Jahren extrem erleben konnten. Es ist eine eigene und wichtige Aufgabe, den Medienkonsum selektiv und reduziert zu halten. Das schafft dann auch Freiräume und gibt Kraft für die Klärung der wesentlichen Lebensfragen und auch für die Sortierung der inneren Stimmen.

Du darfst all dem immer mehr kritisch nachgehen und kommst dadurch vielleicht zu der Erkenntnis, dass wie und wo du durch die äußeren Umfeldbedingungen mehr oder weniger beeinflusst wurdest. Eine eigene Erkenntnis kann sogar sein, klar zu sehen, dass du seit Jahren durch gesellschaftliche Vorgaben gesteuert wurdest

ERKENNE DEINE WAHRE STIMME

Hast du vielleicht schon deine eigene innere Stimme erkannt? Kennst du deine Bedürfnisse? Oder anders gefragt: Wie kannst du wissen, dass es wirklich deine eigenen sind? Bereits seit der Schulzeit sind oftmals weniger die eigenen Bedürfnisse im Vordergrund als vielmehr die Einordnung in ein bestehendes System. Da wahrscheinlich auch deine Eltern in diese Richtung erzogen wurden, wirken Prägungen generationsübergreifend. In der konsequenten Weiterführung dieser Gedanken geht es also hauptsächlich um die Bewusstwerdung, dass wir alle ganz oft die Bedürfnisse anderer zu befriedigen lernten. Auf dem Weg zu deinem Herzen und zu deiner Essenz ist dieses Thema eine wichtige Station. Du erkennst das auch daran, dass dein Körper bestimmte Symptome zeigen wird, wenn du deine tieferen Bedürfnisse nicht beachtest und ihnen keinen Ausdruck verleihst.

Letztlich stellt sich folgende Frage: Richtest du deinen Fokus im Leben eher auf deine »Alltagspersönlichkeit« und den damit verbundenen Eigenschaften und Zuschreibungen – oder auf dich selbst, auf deine höhere geistige und essenzielle Ebene? Hörst du wirklich im Alltag auf die leisen und zarten Stimmen, die dir etwas nahelegen wollen? Hierbei geht es für eine seelische Weiterentwicklung weniger um persönliche Bedürfnisse, sondern mehr um Empfehlungen oder Aufforderungen, die aus einer anderen Ebene in deinem Kopf landen. Oft geht das auch einher mit dem Wunsch nach einer Korrektur oder einer größeren Veränderung im Leben.

Diese Stimmen sind nicht immer so leicht wahrnehmbar. Stille zu finden ist hilfreich, um sie besser zu hören. Deine *Seele* ist eine bedeutende Instanz in dir und wahrscheinlich einer der wichtigsten geistigen Ratgeber. Sie zeigt dir das, was du in deinem Leben erfahren sollst und wohin dich dein Weg führt.

Darüber hinaus gibt es noch *Engel*, aufgestiegene Meister und weitere Wesenheiten, mit denen du in Kontakt treten kannst. Die Komplexität nimmt zu, wenn du auch diese »Stimmen« erkennen und von den anderen inneren Stimmen unterscheiden willst. Doch mit der klaren Intention, dich von ihnen führen zu lassen, werden sie zu dir kommen und dir sehr dienlich sein.

Und dann gibt es *Gott* oder die eigene Essenz, das höhere Selbst, die Seele, den Spirit oder das Göttliche in dir. Es ist letzten Endes der Urgrund deines Seins, der aus dem Nullpunkt kommt. Viele kennen es als das »essenzielle Selbst« oder auch als den Beobachter in einem selbst. Auch das ist eine Stimme in dir. Du wirst diese vielleicht erst im Lauf der Reise durch die Raunächte näher kennenlernen – vielleicht weißt du aber bereits jetzt schon, was damit gemeint ist.

Hier schließt sich der Kreis zu deiner eigenen Intuition. In meiner Deutung und Erfahrung ist dies die Führung aus der göttlichen Matrix. Es sind all jene Impulse, die die Stimme Gottes in dir aktivieren. Hilfreich dabei sind die Botschaften deiner Seele, die du als wesentlich für dich erkannt hast und aus deinem eigenen geistig-göttlichen Kern stammen.

Schaue dir vielleicht noch einmal die Grafik auf der Seite 17 an. Die inneren Stimmen haben auch immer etwas mit den Energiezentren zu tun. Jeden Aspekt des physischen wie des energetischen Körpers kannst du dir als ein eigenes Wesen vorstellen, ein Wesen mit ganz spezifischen Bedürfnissen. Alles in uns hat eine Funktion und zeigt Bedürfnisse, denen Ausdruck verliehen werden will. Das Ganze ist wie eine hierarchische Ordnung. Frage dich: Welche meiner inneren Stimmen haben jetzt Priorität? Spüre dem nach.

Die bisherigen Tage mit ihren Inspirationen können dir dafür Hinweise geben. Fühle dich frei in deiner Wahl und gehe nur mit jenen um, die wirklich zu dir gehören. Dies zu überprüfen ist der erste Schritt. Dann findest du heraus, welche Themen besonders bedeutsam für dich sind. Beschäftige dich schließlich mit jenem Thema, das sich als zentral herausstellt. Sei geduldig und behutsam mit dir.

Fragen für dein persönliches Wachstum

- Welche inneren Stimmen kennst du? Kannst du sie sortieren?
- Kommst du bereits deiner Intuition näher?
- Welches soziale Umfeld ist für dich förderlich – welches weniger?
- Welchen Bedürfnissen möchtest du künftig mehr Ausdruck verleihen?
- Mache dir Notizen oder ein Bild zu deinen inneren Stimmen. Sei kreativ.
- Gib den wichtigsten »Akteuren« in dir eine konkrete Persönlichkeit, indem du sie möglichst detailliert beschreibst.

3. Raunacht

26. auf 27. Dezember
Sich von allem Unwahren loslösen

Wenn du den Qualitäten der bisherigen Tage etwas nachfühlst und tiefer einsteigst, wirst du wahrscheinlich spüren, dass du mehr und mehr bei dir ankommst. Deine inneren Stimmen nimmst du vielleicht schon etwas klarer wahr und hast begonnen, sie als die deine zu erkennen sowie ihre verschiedenen Impulse konsequenter zu sortieren.

Heute geht es nun darum, dich von Altem und Überholtem im Außen und im Inneren loszulösen und das eine oder andere aufzulösen. Der Kontakt mit deiner wahren inneren Stimme konnte dir dazu vielleicht erste Hinweise geben. Wenn du dich an deine Prägungen erinnerst, deine eigenen Bedürfnisse besser sortierst und sogar Stimmen aus höheren Ebenen empfängst, wirst du auch klare Impulse zum Thema *Los- und Auflösung* erhalten.

Es kann sein, dass noch nicht alles so ist, wie du es dir wünschst und dass dich noch etwas festhält. Das ist nicht ungewöhnlich. Doch wird dir der heutige Schritt eine Unterstützung sein, noch besser mit deiner Wahrheit, deiner Essenz und deinem höheren Selbst in Verbindung zu kommen.

BEREIT SEIN FÜR NEUES

Wir werden später auf das Thema Reinheit kommen und gegen Ende unserer Reise auch zum ultimativen Loslassen, um die Tiefgründigkeit der Raunächtezeit zu unterstützen und wahrhaftig in der eigenen Essenz anzukommen. Das ist möglich durch bestimmte Techniken, die all das aus dem Gesamtsystem lösen, was nicht mehr dient oder sogar blockiert und was verhindert, zu den wahren, brachliegenden Potenzialen zu gelangen.

Das wirklich Neue, was auch immer es in deinem aktuellen Kontext sein mag, braucht zuvor aber einen *leeren Raum*. Es braucht Platz, damit es sich zeigen kann. Es geht darum, sich vom 3D-Bewusstsein des irdischen Wollens zu lösen und sich auf eine überpersönliche, eine transpersonale Ebene zu begeben, wo das oberflächliche mentale Wollen überwunden ist. Angesprochen wird dagegen der Wille des Gottes in dir. Das macht den großen Unterschied. Du bist also eingeladen, all das zuzulassen und dich dem hinzugeben, was kommen will.

Bis du dort gelandet sind, befindest du dich noch eher auf der Verstandesebene. Das ist aber kein Problem. Denn meiner Auffassung nach braucht es für das vollständige Leben den Verstand genauso wie die Ebene der Gefühle oder des tieferen Gewahr- und Bewusstseins. Es gibt viele Ebenen in uns und alle haben ihre Berechtigung und Funktion. Die Frage ist, wie wir diese richtig und sinnvoll nutzen – und für welchen Zweck.

TRANSFORMATION MACHEN WIR ALLEIN

Wer sich in einem wahren Transformationsprozess von seinem bekannten Umfeld löst und aufbricht, um in eine ungewisse und unbekannte Zukunft zu gehen, begibt sich auf eine *Heldenreise*. In der Regel bedeutet dies das Verlassen der vertrauten Umgebung – und das braucht Mut. Alle damit einhergehenden Emotionen binden uns zunächst an die alten und bestehenden Gewohnheiten. Deswegen geht es in diesem Prozess auch immer wieder um eine Ent-Bindung.

Wie der Name schon sagt, kommt es dabei wie bei einer Geburt zum Durchschneiden der Nabelschnur. Du verlässt die Sicherheit der Versorgung durch den Mutterleib. Geburt ist immer ein Ablösungsprozess – und erst dann beginnt ein neues Leben. Ebenso geht es der Raupe, wenn sie sich verpuppt und sich die alte Form auflöst, um in eine neue zu transmutieren. In diesen Zeiten mag es vielen ähnlich gehen. Sie spüren, dass das Leben in der alten Form vorbei ist. Um also eine wahrlich neue Erfahrung zu machen, darfst du dich von all dem verabschieden, was dich davon abhält, auf die nächste Stufe deiner Entwicklung zu gelangen. Letzten Endes lässt du dabei los von deiner Persönlichkeit, welche durch Erziehung und Sozialisierung geprägt ist, um zu deiner Essenz und zu deinen wahren Potenzialen zu gelangen. Aus diesem Prozess heraus, den du beschreitest, wirst du einem völlig erneuerten Ich begegnen – dem essenziellen Selbst. Das ist eine wichtige Erkenntnis und Gewissheit, mit der du dich vertraut machen darfst.

Doch wovon gilt es, sich loszulösen? Was sollte aufgelöst werden? Bei dieser Einstiegsfrage bietet sich eine naheliegende Antwort an. Der Ablöseprozess betrifft letztlich all das, was für dein zukünftiges Leben nicht mehr förderlich ist und nicht deinem höchsten Entwicklungspotenzial dient.

LOSLÖSUNG VON DEINEM UMFELD

Wie gestern beschrieben, beeinflussen uns unsere Identifikation und unser Umfeld enorm auf unserem Weg, ein authentisches Leben zu entfalten. Fragen wie »Wie fühlst du dich in der jeweiligen Umgebung?« oder »Welche Spannungen zeigen sich möglicherweise?« tauchen dann auf. Dabei ist festzuhalten, dass Spannungen wichtig und lehrreich sind. Sie zeigen uns, wo wir noch etwas lernen können. Geht es nicht sogar grundsätzlich genau darum in unserem Leben? Das ist es, was uns weiterbringt und wodurch wir unseren Themen mit einem neuen Bewusstseinn begegnen.

Das Ziel ist, sich vor allem von alten hinderlichen Emotionen zu lösen und im Falle von

Spannungen immer mehr zu lernen, angemessen zu reagieren. Oft sind bestimmte Auslöser die Ursache für unsere emotionalen Regungen: beispielsweise Vorwürfe oder auch bestimmte Orte wie das Elternhaus. Es gibt alle möglichen Formen von Auslösern. Sie erinnern uns – oftmals unterbewusst – an etwas Altes, an emotional nachwirkende Erlebnisse. Wenn damit Gefühle oder Verhaltensweisen verbunden sind, die nicht gesteuert werden können, ist etwas sozusagen *»noch nicht erledigt«*: Es bedarf deshalb noch eines Integrations- oder Heilungsprozesses.

Möglichst in der Ruhe zu bleiben und in eine Beobachtungsposition zu gehen, ist hierbei die Lösung. Das ist natürlich leichter gesagt als getan. Sich von unliebsamen Emotionen zu lösen, wird unterstützt, indem du dich auch von der jeweiligen Auslösesituation verabschiedest. Das kann räumlich sein, indem du vielleicht das Elternhaus verlässt. Oder – und das ist die eigentliche Ebene, um die es geht – innerlich, indem du gelernt hast, dass dich die Auslöser nicht mehr erreichen. Aus einer sicheren inneren Entfernung und mit etwas Abstand siehst du die Angelegenheit bestimmt differenzierter. Es geht darum, aus alledem etwas zu lernen, was dich flexibler und freier macht. Das kann beispielsweise auch dazu führen, sich mehr und mehr aus toxischen Beziehungen zu lösen.

Um sich so entfalten können, wie es den wahren Potenzialen entspricht, ist es wichtig, sein künftiges Umfeld mit Bedacht zu wählen. Es gilt, gerade bei Beziehungen: Alles, was dich daran hindert, solltest du prüfen und, wenn notwendig, hinter dir lassen. Beobachte dabei auch, dass Menschen oftmals nur deshalb etwas tun, weil sie dazugehören wollen. Dieses Thema ist weit verbreitet und dabei höchst relevant für die Lebensstimmung – und in dieser Zeit besonders aktuell. Solche Dinge weisen

deutlich darauf hin, dass man sich noch nicht seinem wahren Kern nähert, sondern die jeweiligen Prägungen dominieren.
Für den Weg der Meisterschaft führt jedenfalls kein Weg daran vorbei, sich dem Thema Los- und Ablösung zu widmen. Gerade die Epigenetik sagt, dass unser Umfeld entscheidender ist für unsere Entwicklung als die Erbanlagen. Das ist die Grundlage für alle Veränderungen – denn du bist der Regisseur deines Lebens.

SICH VON HINDERLICHEN BEDÜRFNISSEN LÖSEN

Mittlerweile konntest du vielleicht klarer deine eigentlichen Bedürfnisse wahrnehmen. Dazu kamen eventuell Impulse aus den höheren Ebenen deiner Seele und deiner Schöpferkraft, wodurch dir auch einiges bewusst wurde. Vor allem wurde dir wahrscheinlich bewusst, was dir guttut und was dich auf deinem Weg unterstützt.
Doch sei immer achtsam: Ein Gefühl kann auch deswegen »gut« sein, weil sich etwas Vertrautes meist dann gut anfühlt, wenn es positiv besetzt ist. Belohnungsprinzipien aus der Kindheit und andere *Konditionierungen* fallen in diese Kategorie. Dazu zählen auch die Konditionierungen aus der Werbung und aus den gesellschaftlichen Normen heraus. Es entstehen dann vielfältige Bedürfnisse und wir glauben, dass es tatsächlich unsere eigenen Bedürfnisse sind. Hier gilt, die Dinge sorgsam aus der Distanz heraus für sich zu prüfen.
Setze dich bei all dem nicht unter Druck. Es ist nicht so, dass bereits in der 3. Raunacht eine große Veränderung zu spüren sein muss. Erwarte nicht, dass du alles, was sich über lange Jahre oder sogar Jahrzehnte gebildet hat, einfach so über Nacht loswerden wirst. Es braucht seine Zeit und du darfst geduldig mit dir sein.
Vieles an alten Emotionen ist tief verankert und zellulär abgespeichert in deinem Körper. Deshalb ist bei diesem Los- und Auflösungs-

prozess der Körper nicht zu vergessen. Es geht also auch immer darum, den Körper von hinderlichen und in den Zellen abgespeicherten Informationen zu befreien. Es braucht dazu vielleicht die Begleitung von Personen, die dich dabei unterstützen. Energie- und Körperarbeit können hier ebenso helfen wie ganzheitliche Therapieformen: beispielsweise Klopftechniken wie das EFT (Emotional Freedom Techniques), Neurogenes Schütteln oder Zittern (TRE®), Schüttelmeditation oder verschiedene Atemtechniken.

Manchmal kann jedoch dieser Auflösungsprozess auch allein dadurch geschehen, dass du stark darauf fokussiert bist und die Kraft deiner Gedanken und deiner Intention nutzt. Du kannst dir also auch selbst helfen – und der Weg durch die Raunächte ist dafür die Basis und eine kraftvolle Unterstützung.

Entscheide dich also am besten ganz fokussiert dafür, dich von all dem zu lösen, was dich davon abhält, deine Wahrheit zu leben. Du musst diese dafür nicht immer bereits in allen Details kennen. Wichtig ist, eine möglichst klare und willentliche innere Entscheidung zu treffen. Die bewusste Entscheidung reicht zunächst aus. Gemeinsam mit der Bitte um Botschaften und Signale, die das Leben dir schicken mag, um dich deiner Wahrheit näherzubringen, ist dies ein *mystischer Akt*. Energie folgt der Aufmerksamkeit. Daher sind die Entscheidung und ein kraftvoller Fokus, deine Wahrheit zu leben, essenziell. Der Weg dorthin wird sich dir zeigen, denn das Leben schickt dir die Signale, die dich führen werden. Sei besonders wachsam im Erkennen und in der Deutung dieser Signale.

Fragen für dein persönliches Wachstum

- In welchem Umfeld lebst du? Wie fühlst du dich dabei?
- Welche Konsequenzen leitest du daraus ab?
- Von welchen Situationen oder Menschen solltest du dich unter Umständen lösen?
- Welche Signale hast du dafür bekommen, die dir ein Wegweiser sein könnten?

4. Raunacht

27. auf 28. Dezember
Das Herz öffnen

Die bisherigen Schritte haben dich bestens vorbereitet für den heutigen Tag, an dem du dich dem Herzen und deinen Seelenaufträgen widmest. Da du dich inzwischen vielleicht etwas gelöst hast von dem, was dich bisher blockiert hat oder sich nicht mehr stimmig anfühlt, kannst du nun im für dich richtigen Umfeld dein Herz öffnen. Mit einem offenen Herzen kannst du umfassender wahrnehmen.

Das Herz ist der *Mittelpunkt unserer sieben Energiezentren* oder Chakren. Die unteren drei sind sehr gefordert mit dem Gesellschaftsbewusstsein, das besonders in diesen Zeiten wirkt. Angst, Kontrolle, Manipulation, Propaganda und letzten Endes auch Versklavung sind jene Aspekte, die wir nicht erst heute erfahren. Seit jeher sind wir davon geprägt. Schau in die Welt der Medien und der Politik – aus einer neutralen Beobachterperspektive heraus wirst du hier schnell »fündig«. Wir werden damit immer mehr konfrontiert.

Je klarer du dich aber in deiner eigenen Mitte aufhälst und die Aufmerksamkeit dorthin lenkst, desto weniger bist du manipulierbar – und desto mehr erfährst du die Qualitäten des wahren Menschseins. Diese beginnen immer im Herzen und führen dann mit den oberen Energiezentren in ein göttliches Bewusstsein auf die Ebene des Gottmenschen. Das ist das Gute und Konstruktive: Mit der Kraft des Herzens überwindest du die Welt der Dualität und kommst auf eine Ebene, die deine Frequenz weiter anhebt. Fühle es selbst.

Beobachte beispielsweise Kinder und lerne von ihnen. Spielerisches Sein und wahre Sinnlichkeit sind aber auch und gerade für Erwachsene Herzöffner und bringen uns ins Fließen. Ohne Ziel und ohne Absicht, nur aus dem reinen Herzen heraus. Mit dieser Haltung wieder mehr zu leben, das ist die Anregung für diesen Tag – und natürlich auch für die Zukunft. Hier geht es um Fragen wie: Wobei geht dein Herz wahrlich auf? Bei welchen Ideen und Aktionen spürst du, wie sich das Energiezentrum deines Herzens weitet?

Wenn du aus dem reinen Herzen lebst und dein Tun daraus kommt, bist du auf der Brücke zu deinem wahren Selbst. Das ist der Weg zum wahren Menschsein und zu deinem göttlichen Wesen. Es ist letztlich ein Weg der Erinnerung an das, was du immer schon warst. Bis es soweit ist, stehst du in einer Etappe, um in dei-

nem Leben auf eine neue Ebene zu gelangen. Wenn du dabei fest daran glaubst, dass dich dein Herz zu deinem wahren Potenzial führt, dann geschehen wahre Wunder.
Beispielsweise entsteht echte *Kreativität*. Sie bietet den Raum für die Entfaltung deiner Potenziale. Du darfst dich dem ganz unverkrampft hingeben und den Impulsen des Herzens folgen. Das hebt deine Schwingung enorm an. Mit echter Kreativität ist auch eine starke Lebendigkeit verbunden. Sie ist frei von Bewertungen und ist ein Ausdruck deiner Seele. Ihre spielerische Qualität ist absichtslos und fließt aus dem reinen Sein. Dafür gibt es nur eine Voraussetzung, nämlich dass dein Herz frei ist von Mauern und geheilt ist von Verletzungen durch Menschen in deinem Umfeld.

DIE HEILUNG DES HERZENS

Du hast in der 3. Raunachtstag erfahren, dass es im Leben hilfreich sein kann, sich von hemmenden Umfeldern und Bedingungen zu lösen oder manche Beziehungen gänzlich zu verabschieden. Du konntest lernen, welches Umfeld dir guttut und welches dich bremst oder sogar verletzt. Es kann sein, dass sich hierbei Muster zeigten, die viel tiefere Wurzeln haben, als dir bewusst war – und die sich in deinem Leben oft wiederholten: vielleicht Wut oder Aggression, die in Stresssituationen immer wieder durchbrechen oder die Sehnsucht nach Nähe, die sich hinter unverhältnismäßigem Konsum maskiert. Dem ehrlich und konsequent auf den Grund zu gehen, ist für Heilung wichtig. Ansonsten wirst du immer wieder jene Situationen in deinem Leben anziehen, die dir genau das aufzeigen.
Es gilt dabei, mehr und mehr das eigene Herz zu öffnen und es kennenzulernen. Dazu gehören die Schattenseiten – und die positiven Aspekte wie etwa Klarheit, Hilfsbereitschaft oder das gefühlte Erwachen des eigenen Christusbewusstseins. Heute wissen wir, dass unser Herz, elektromagnetisch betrachtet, um ein Vielfaches stärker ist als der gehirngebundene Verstand. Wir schwingen also auf einer anderen Frequenz, wenn wir in uns aufräumen und dann dem folgen, was uns unser Herz sagen will.
Die moderne *Kohärenzforschung* ist weit fortgeschritten und zeigt uns, dass der Fokus auf das Herz eine sehr weise Haltung ist. Das Heart Math Institute in Kalifornien ist hier eine inspirierende Adresse. Wenn sich deine Frequenz erhöht, verstärkst du dein Feld und deine Ausdehnung. Das funktioniert so: Unsere sieben Chakren sind Energiezentren mit je ganz verschiedener Energie, die sich beispielsweise als Frequenz ausdrückt und auch anfühlt. Von langwellig bis sehr kurzwellig entstehen dabei erdgebundene bis sphärische Qualitäten. Das bedeutet, dass die kurzwellig-sphärischen Qualitäten eine höhere Energie repräsentieren. Damit verbunden ist das weiter oben angesprochene Feld, das deine energetische Ausdehnung repräsentiert.
Je mehr du dich von der weltlichen Sphäre löst, indem du deine Prägungen und Bindungen an rein Körperliches, an hinderliche Emotionen und Mentales überwindest, desto mehr öffnest du dein Herz. Damit wirst du empfänglich für höhere Sphären und die Ebenen der nicht-

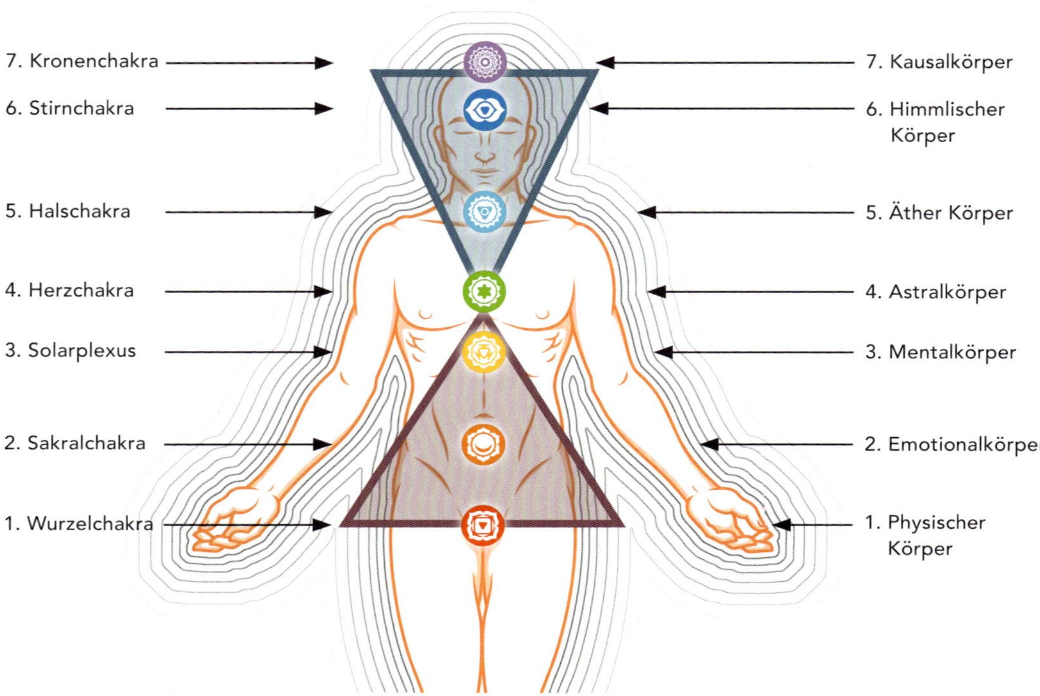

▲ Die beiden Dreiecke verbinden sich im Herzen. Das untere repräsentiert das weltliche Gesellschaftsbewusstsein, das obere das geistig-spirituelle Bewusstsein.

physischen, geistigen Welt. Dort begegnest du deinem wahren geistigen Sein.

In diesem Prozess schaffst du die Möglichkeit, das anzuziehen, wonach sich dein Herz sehnt. Das kann wahre Wunder bewirken und ist das logische Ergebnis des Resonanzphänomens, einem der großen sieben hermetischen Gesetze. Das erste ist das Gesetz der Schöpfung, das zweite das besagte *Gesetz der Resonanz*. Das bedeutet, dass du all dem, was du im Inneren veränderst, im Außen begegnen wirst. Wenn du fühlst, dass das in dir lebendig ist, kommst du in die Schöpferkraft, das Innere dann auch im Außen zu manifestieren. Das Herz hat dabei eine ganz besondere Bedeutung, da es die geistige mit der materiellen Ebene verbindet. Deshalb haben deine Herzenswünsche immer eine besondere Energie.

Auf diese Weise kommen Dinge in dein Leben, die dir selbst und deinen tieferen Herzenswünschen entsprechen. Die Frage des Herzens bezieht sich somit immer auf deine tiefsten, ungeschminkten Wünsche. Es steht dann eine ganz wesentliche Frage im Raum: Was willst du vom Leben? Gleichermaßen bist du auch gerufen zu einer weiteren wichtigen Frage: Was will das Leben von dir? Und wer oder was ist denn in Wahrheit »das Leben«? Damit ist das Reich der noch unbekannten Potenziale angesprochen, die Frage: »Worin bestehen eigentlich meine wahren Potenziale?«

DIE REISE ZU DEN WAHREN POTENZIALEN

Dem Herzen zu folgen ist also ein erster und sehr wirkungsvoller Schritt in ein neues Leben. Danach geht es um immer tiefere Ebenen deines Seins. Du begibst dich dabei auf eine Reise in das Quantenfeld unendlicher Potenziale. Je höher du am Beispiel der Grafik mit deiner Aufmerksamkeit bist, desto freier bist du von einschränkenden weltlichen Vorstellungen, die verhindern, dass du das erkennst, was möglich wäre. Du siehst unter diesen Umständen die Welt und auch deine Zukunft wortwörtlich nur im Rückspiegel deines Lebens. Wenn du aber die Potenziale deiner Zukunft erkennen willst, ist es wichtig, dass du die untere Ebene verlässt und dich über das Herz den obersten Energiezentren zuwendest.

Du wirst dann Möglichkeiten wahrnehmen, die völlig neu sein können. Diese Ebene beschreibt des Quantenfeld der Potenziale – eine Sichtweise, die ursprünglich aus der Quantenphysik stammt. In dieser Welt gibt es ausschließlich Potenziale, also Energieformen. Wenn der Beobachter ins Spiel kommt, also wir selbst als göttliche Wesen, kollabiert diese Energie (als Welle vorstellbar) und wird – je nach Intention – zu Materie (als Teilchen vorstellbar). Wir bewegen uns hier in einem großen Mysterium, das ein eigenes, tiefgründiges Thema ist.

Betrittst du nun diesen inneren Raum, der grenzen- und dimensionslos ist, gelangst du zu deinem essenziellen Selbst. Klar geworden müsste sein, dass du diesen magischen Raum nur geistig betreten kannst und dort einer anderen Wirklichkeit begegnest. Diese »andere

Die Ausstrahlung des Herzens

Tatsächlich sendet das Herz, elektromagnetisch betrachtet, 5000-mal stärkere Impulse aus als das Gehirn. Auch sendet es mehr Impulse zum Gehirn als umgekehrt. Das Torsionsfeld des Herzens reicht viele Meter über unsere körperliche Grenze hinaus. Aus diesem Grund fühlen wir uns in der Gesellschaft gewisser Menschen energieleer und in anderer Umgebung steigt unsere Energie an. Solche Empfindungen wahrzunehmen ist wichtig, damit wir mehr und mehr jene Beziehungen vertiefen, die für gemeinsames Wachstum förderlich sind.

Welt« kann man auch als Ebene der Metaphysik, des Geistes oder der Magie bezeichnen. Von dort aus geschieht wahrhaftige und tiefgreifende Transformation.

Daher ist es wichtig, dass du deinen Herzensraum zunächst als einen leeren Raum betrittst, insofern du dich von deinem weltlichen Ich mittlerweile losgelöst hast. Öffne dich in diesem Raum dann mutig dem Unbekannten. Sich darauf zu besinnen und dieses Thema anzugehen, dafür ist heute eine gute Gelegenheit. Die Winterzeit und gerade die Tage der Raunächte sind dafür besonders geeignet. Die über deinem Alltagsego liegende transpersonale und transdimensionale Erfahrung macht den entscheidenden Unterschied für alles. Wenn du deinen Herzensraum betrittst, wirst du dich von unendlicher Liebe getragen fühlen. Du wirst danach der Welt und den Menschen anders begegnen.

Doch wie geht das konkret? Richte deinen Fokus erst einmal auf deine Gefühle und deine tieferen Bedürfnisse. Die wahren Bedürfnisse kommen aus dem tiefsten Inneren deines Herzens und sind somit immer rein und frei von alten Konditionierungen und Identifikationen. Grundlage dafür ist der gestrige Raunachtstag, in dem du dich dem Auf- und Loslösungsprozess gewidmet hast. Nun geht es darum, dass du deine echten Bedürfnisse und Herzenswünsche aber nicht nur kennst, sondern ihnen auch Ausdruck verleihst. Das bezieht sich auf die Antworten auf die Frage, was du vom Leben willst. Deine Bedürfnisse zu erkennen und zu leben, ist ein wichtiger Schritt, um dich von jetzt an *ständig auf der Ebene deines Herzens zu bewegen*.

Bedenke dabei: Wenn du deinen Herzenswünschen keinen Ausdruck verleihst, lebst du wahrscheinlich auch nicht deine tiefste Wahrheit. Dein Leben entspricht dann eher einer bestimmten Realität, die du als Konsequenz deiner Anpassung an äußere Normen erschaffen hast. Diese Zeit darfst du hinter dir lassen.

Ab heute geht es also darum, das leise Flüstern deiner Seele zu erleben und immer besser wahrzunehmen. Die Qualitäten der Seele sind verwandt mit jenen des Herzens. Doch ist die Seele wahrscheinlich in ihren Botschaften noch anspruchsvoller und überpersönlicher als die Ebene der Bedürfnisse.

Die Seele flüstert tatsächlich und sie will dich einladen, bisher noch nicht Erfahrenes zum Ausdruck zu bringen. Meist ist deswegen hierbei etwas Widerstand die Regel und so hörst du ohne einen klaren Fokus nicht immer deine Seelenbotschaften. Wenn du das aber immer mehr kannst, entsteht eine echte Herausforderung, da du deine Grenzen überwinden sollst, um Unbekanntes in dein Leben zu bringen. Das ist beispielsweise auch mit den Begriffen Soul-Business und Soul-Mate gemeint. Es ist wichtig, diese Herausforderung anzunehmen. Sie führt dich auf eine neue Ebene deiner Entwicklung.

Fragen für dein persönliches Wachstum

- Kannst du spüren, wie sich etwas verändert, wenn du dein Herz öffnest?
- Was flüstert dir deine Seele zu?

5. Raunacht

28. auf 29. Dezember
Tiefe Beziehungen eingehen

Nachdem du dich in den vergangenen Tagen deinen Wurzeln, dem Lauschen deiner inneren Stimme, deinen Bedürfnissen, deinem Herzen und den Botschaften deiner Seele gewidmet hast, bist du wahrscheinlich schon ganz gut bei dir und auf einer wahrhaftigen Ebene angekommen. Was die höheren Impulse der Seele betrifft, gab es vielleicht noch so manche Herausforderungen für dein Wachstum. Doch du sorgst gut für dein wahres Selbst, wenn du die wichtigen Botschaften wahrnimmst und ihnen nachgehst. Dadurch kommst du immer mehr in deine Ganzheit und übernimmst die *Eigenverantwortung*. Wenn du deine Wahrheit lebst und den Botschaften des Herzens folgst, bist du auch bereit für tiefere Beziehungen und Freundschaften.

Für unsere Herzensangelegenheiten sind wir ja immer selbst zuständig. Niemand sonst soll unsere Bedürfnisse erfüllen. Natürlich dürfen wir diese auch anderen Menschen als Wünsche mitteilen. Doch das ist etwas anderes, als damit bestimmte Erwartungen an andere zu verbinden. Ist ein reines Herz nicht die beste Basis für Freundschaft und Partnerschaft? Wenn wir nichts von anderen wollen, außer gemeinsames Sein, ist das nicht etwas Wunderschönes im Leben? Keine Erwartungen und keine Berechnung sind dabei im Spiel.

Dabei ist es egal, welche Stellung in der Gesellschaft ein anderer hat oder welche Annehmlichkeiten durch ihn im Spiel sind. Es geht dabei nur um diesen Menschen. Der Mensch wird im Kern, mit seinem ganzen Wesen, gesehen und man kann sich auf reiner Herzensebene begegnen. Das sind die Qualitäten einer neuen Zeit. Ein neues Miteinander in Aufrichtigkeit und Transparenz. Alles hat Platz und jeder räumt bei sich selbst auf. Frei von Projektionen und der Absicht, den anderen zu verändern. Das ist Freiheit im Wir-Sein.

Doch bisher ist das nicht immer der Fall. Oftmals spüren wir gerade in sozialen Situationen, wie bestimmte Erwartungen an uns gerichtet sind: manchmal ausgesprochen, manchmal eher unausgesprochen und subtil. Ein Bindungseffekt oder sogar Bindungsdruck entsteht durch die meist unausgesprochene Übereinkunft, gewissen Normen und Werten oder Verhaltensweisen entsprechen zu sollen.

Das wiederum erzeugt einen Anpassungsdruck und es stellt sich die Frage, inwiefern wir uns dessen bewusst sind. Wenn du in solchen Situationen deine Aufmerksamkeit auf deinen Energiezustand ausrichtest, bemerkst du das auch. Nach dem Prozess der vergangenen Tage weißt du aber: Du kannst immer etwas verändern, wenn du dich in Gegenwart gewisser Menschen unwohl fühlst und in Wahrheit nicht mehr nach deren Normen und Wertvorstellungen leben willst. Du kannst dich davon lösen – gerade wenn du weißt, was dein Herz wirklich will. Dann weißt du auch, welche Beziehungen dir gut tun: Es werden jene sein ohne Erwartungen an dich.

WENN DIE GEISTER SICH SCHEIDEN

Während der Corona-Zeit konnten wir vor allem eines bemerken: Viele Menschen wurden durch dieses Thema voneinander getrennt und gespalten. Die Trennung in zwei Lager war offensichtlich. Gerade weil wir auf dem Weg der Weiterentwicklung auf keinen Fall eine Spaltungsenergie in unserem Leben zulassen sollten, stellt sich eine Grundsatzfrage: Was machst du, wenn die andere Person in zentralen Fragen diametral anderer Meinung ist? Besonders die damit verbundenen Konsequenzen sind für deine innere Entwicklung von höchster Relevanz. In diesen Tagen um die Weihnachtszeit gilt es ganz im eigenen Inneren und auch in unseren Beziehungen für *Frieden* zu sorgen. So manches erstmal ruhen zu lassen, ist immer eine gute Idee. Gib dir dafür Zeit und Raum.
Wenn du dich dennoch bereits von dir nahestehenden Menschen zu lösen beginnst, ist das vielleicht nicht immer einfach. Dennoch darfst du nicht vergessen, wie stark dein nahes Umfeld auf dich wirkt – gerade wenn du dich in einem Prozess der Neuausrichtung und der Öffnung befindest. Wie geht es dir, wenn du jeden Tag Zeit mit einem oder mehreren Menschen verbringst, die mit dem, was du tust oder denkst, so gar nichts anfangen können? In welchem Bewusstseinszustand befindest du dich dabei? Worüber sprichst du dann mit ihnen? Was bedeutet das für deine Lebensenergie und -stimmung?
Dir selbst treu und gleichzeitig offen und lernbereit zu sein, ist eine hilfreiche Haltung. Es gilt, dein Feld rein zu halten und für neue Erkenntnisse offen zu bleiben. Wer sich nicht anpasst, aber gleichzeitig auch für Neues offenbleibt, kommt bei sich selbst an. Dies ist zwar immer eine Gratwanderung, da wir soziale Wesen sind und ein soziales Umfeld brauchen. Doch ist es wichtig, darauf zu achten, dass der Herden- und Bindungseffekt deine Wahrnehmung nicht zu sehr trübt oder gar blind macht. Vergiss vor allem nicht, dabei immer das im Blick zu behalten, was für dich im Herzenskern wichtig und wertvoll ist.

EIN NEUES »WIR« ANSTREBEN

Viele Beziehungen haben darin ihren Ursprung, dass gegenseitige Erwartungen erfüllt werden. »Ich liebe dich, weil du irgendeinen Aspekt meiner Erwartungen erfüllst.« – das ist in Wahrheit oft der Ausgangspunkt einer Partnerschaft. Es könnte langfristig heikel werden, wenn es nur bei dem bleibt. Jemanden zu brauchen, ist jedoch die eine Energie. Sich in Beziehungen zu ergänzen, dagegen eine ganz andere Energie – und eine wunderbare Sache. Das bedeutet, dass du keine Erwartungen hast, dass ein anderer die eigenen Bedürfnisse erfüllt.

Du darfst im Lauf deines Lebens lernen, selbst für dich zu sorgen und in Verbindung zu sein mit der göttlichen Quelle in dir – mit dem All-Einen. Dann musst du die Energie nicht mehr woanders abziehen, um dich zu nähren und um aufzutanken, so wie es unser erster Lebens- und auch Überlebensimpuls war. Wenn du gut mit dir selbst sein kannst und für dich selbst sorgst, ist das eine Form von *Alleinsein*, die nichts mit Einsamkeit zu tun hat. Zwischen den beiden Worten besteht ein wesentlicher Unterschied. Das Alleinsein ist letzten Endes die Verbundenheit mit dem All-Einen. Es ist ein göttliches Prinzip, welches du meist nur in der Stille und in dir selbst findest.

Ein solches Erleben geschieht nicht einfach so nebenher. Es ist meist das Ergebnis eines tieferen, befreienden Transformationsprozesses. Deine Beziehungen werden sich durch die persönliche Transformation wahrscheinlich wie von selbst verändern und du wirst dabei auf eine neue Beziehungsebene kommen. In einem neuen Wir ohne Erwartungen an andere entsteht eine Qualität, wo zwei oder mehrere »vollständige Personen« zusammenkommen, um etwas Neues gemeinsam in die Welt zu bringen. Wer diesen Weg geht, wählt ein Umfeld, in welchem er unter wohlwollenden Gleichgesinnten etwas Größeres bewirken kann als allein auf sich gestellt.

Auf diese Weise ergänzen wir uns in einer Form, wie die Neue Zeit sie braucht. Das sind *konstruktive Symbiosen* oder auch komplementäre Beziehungen, denn sie ermöglichen gemeinsames Wachstum. Besonders in dieser

Zeit ist das ein großes Bedürfnis im kollektiven Feld Gleichgesinnter. Einfach nur zusammenzusein ist das eine, jedoch will noch etwas dazukommen – und das ist etwas ganz anderes. Die Frage ist: Welche Vision verbindet uns?
Eine neue Basis zu schaffen, ist der erste Schritt. Dabei ist jeder aufgerufen, zunächst Ordnung in sein Leben zu bringen. Dann werden sich im zweiten Schritt auch die alten Beziehungsdynamiken transformieren. Auf dieser Basis dann das Verbindende in einem größeren Wir zu suchen, schafft letztlich die neuen Keimzellen für eine neue Erde.
In der 3. Raunacht zum Thema »Los- und Ablösung« hast du bereits herausgefunden, welches Umfeld du hinter dir lassen möchtest. Nun stellt sich die Frage nach neuen Verbindungen, nach deinem künftigen Umfeld. Die nächste Evolutionsstufe auf diesem Planeten wird aller Wahrscheinlichkeit nach ein Prinzip hervorbringen, in welchem sich zwei oder mehrere Menschen einem gemeinsamen größeren Ziel verschreiben.
Wenn dies getragen ist von deinem essenziellen Selbst, entfaltet sich dabei eine enorme Kraft für unsere Zukunft, die viel Gutes bewegen wird. Aus der wahren Essenz kommt die höchste Frequenz unseres Seins, was allen Menschen zugutekommt. Dann begegnen wir anderen Menschen auch endlich als das, was sie sind – göttliche Wesen.

Fragen für dein persönliches Wachstum

- Wie gehst du in deinem Leben mit Normen und Erwartungen anderer um?
- Wie fühlst du dich in deinem Umfeld und wie lebst du das Thema Beziehungen?
- In welchen Lebensbereichen geht es darum, die Beziehungen zu prüfen? Wie willst du konkret damit umgehen?
- Wie willst du künftig Freundschaft und Partnerschaft leben?
- Wer in deinem Umfeld teilt deine Visionen?

6. Raunacht

29. auf 30. Dezember
In die Reinheit finden

Heute geht es darum, ein *reines Feld* zu schaffen, in dem du gut gedeihen kannst. Das ist für deine Entwicklung enorm wichtig. Das Räuchern kann dich dabei sehr gut unterstützen. Wenn du dich diesem Thema widmest, achte darauf, dass du deine Intuition gut vorbereitest, indem du vor der Wahl des Räucherwerkes meditierst.

Bereinigung und Reinigung bringen dich zur Reinheit. Die Reinheit im Außen braucht oft als Voraussetzung die Reinheit im Inneren. Am heutigen Tag geht es darum, alles in und um dich herum »rein« zu machen. Wer sein ganzes System reinigt, führt sich selbst in der Konsequenz immer mehr zu seiner reinen Essenz. Dies kann ganz konkret physisch stattfinden oder auch ein geistiges Reinigen bedeuten.

Reinheit beginnt zuallererst bei den Gedanken, die wir auch als innere Stimmen wahrnehmen. Die ersten Schritte, uns von jenen zu lösen, die nicht zu uns gehören, bist du bereits gegangen: durch die Los- und Auflösung unguter Bindungen, Identifikationen und all dem, was nicht zu deiner Wahrheit gehört.

Auch mit dem reinen Herzen hast du dich mittlerweile beschäftigt. Du kennst deine tieferen Qualitäten jenseits der Egowünsche. Du hast dich mit den Absichten beschäftigt, bei denen du keine Hintergedanken hast, sondern völlig verbunden bist mit dem, was du zum Ausdruck bringen möchtest. Du hast dich gefragt: Bin ich auf einer Herzensebene mit anderen verbunden? Du kennst nun damit verbundene Störungen oder Dissonanzen. Vielleicht hast du sogar bereits einige Beziehungsfragen lösen können. Vielleicht bedarf es bei so manchen Menschen aber noch einer Klärung der Beziehungsqualität und der Bereinigung von bestimmten Störungen. Alle diese Prozesse sind von großer Bedeutung, denn Beziehungen wirken sehr stark. Gerade dann, wenn die energetischen Beziehungsfäden gestört oder nicht rein sind. Auch die Epigenetik zeigt, dass sich unser Umfeld enorm auf die Entfaltung unserer Potenziale auswirkt. Daher ist es wichtig, dass das entsprechende Energiefeld rein ist und du ganz fokussiert und voll bewusst mit diesen Themen umgehst: Deine Reinheit ist die Basis für alles Weitere.

Auch der *Körper* ist hier betroffen: Er ist der Tempel deines Geistes. Wie rein hälst du ihn? Je mehr du dir dessen bewusst bist, desto mehr wirst du ihn achten und ihn entsprechend behandeln. Regelmäßiges Fasten ist beispielsweise eine traditionelle Form der Reinigung. Dabei wirst du spürbar entlastet und dir steht mehr Energie zur Verfügung.

Die Bandbreite dessen, was du für deinen Körper tun kannst, ist groß. Die Naturkräfte wie frische Luft versorgen ihn mit Energie und Sauerstoff. Ebenso kannst du deinen Geist einsetzen für die Ausschüttung aller relevanten Stoffe, die der Körper braucht, denn wieder gilt: Das Stoffliche folgt immer dem Geist. Der Frontallappen im Gehirn mit Sitz auf der Stirn ist der Boss. Denn dort werden die Entscheidungen getroffen. Der Körper macht, was hier beschlossen wurde. Das braucht natürlich seine Zeit. Bewusstwerdungen tragen aber dazu bei, dass sich Körperliches in eine gesunde Richtung verändert.

Schließlich sollte auch die *Seele* gereinigt werden. Sie ist für mich eine eigene Wesenheit, die uns hier auf Erden führt und uns immer wieder Möglichkeiten nahelegt, in unserer Entwicklung voranzuschreiten. Oft lädt sie uns auch ein, etwas zu wagen, was wir in unseren bisherigen Inkarnationen noch nicht abgeschlossen haben. Ihre Qualität ist eine sehr positive, jedoch kann sie auch herausfordernd sein. Was auch immer das konkret im Leben nach sich zieht, ist individuell. Es geht um Erfahrungen, die uns auf unserer Reise auf eine höhere Stufe führen. Die zarte Stimme der Seele zu erkennen, ist eine wichtige Qualität. Sie dient uns als Leuchtturm und führt uns weiter auf die nächste Ebene. Umso wichtiger ist es, dass diese Instanz in dir von hemmendem Ballast befreit wird.

DIE VERBINDUNG VON KÖRPER, GEIST UND SEELE

Wie kannst du also in deine Reinheit kommen? Dazu brauchst du eine Be-Reinigung. Du beginnst bei den feinen Ebenen und kommst dann auf die körperlich-stoffliche Ebene. Letztlich ist es das Ziel, die klassische Dreiheit von Körper, Geist und Seele im *Gleichgewicht* zu halten. Da die Verbindung zur Seele sehr fein ist, geht es darum, dich in Stille im Lauschen zu üben und in die Innenschau zu gehen. Trotz ihrer Zartheit hat sie vielleicht manchmal Botschaften für dich, die weniger einladend sind. Das liegt daran, dass sie dich zu einer völlig neuen Erfahrung führen will, und davor haben viele eine gewisse Scheu oder fühlen sich bei diesen Empfehlungen nicht so wohl. Aus diesem Grund überhören sie dann oft diese feinen Impulse – und so bleiben wichtige Möglichkeiten für die weitere Entwicklung leider ungenutzt.

Ganz neutral und wachbewusst alle Botschaften der Seele zu hören und ihren Gehalt zu erkennen, reinigt dich von altem Ballast. Du hörst nicht mehr weg, sondern stellst dich deiner inneren Wahrheit – und dabei sortierst du all jene Stimmen aus und verabschiedest sie, die dich in der Unfreiheit halten wollen. So wirst du innerlich immer reiner und freier. Es geht also darum, die »Kanäle« so zu reinigen, dass du die Botschaften der Seele hören kannst. Die Seele verbindet den Körper mit dem Geist. In der physischen Annäherung bedeutet das: Wir haben Bereiche im Gehirn, die sich ganz gezielt aktivieren lassen, um den Draht nach »oben« in das Geistige herzustellen. Beispielsweise durch bestimmte Atemtechniken, mit denen wir gezielt die Zirbeldrüse und die Hypophyse – auch Hirnanhangsdrüse genannt – aktivieren.

Die *Zirbeldrüse* ist eine Drüse im Körper, die auf unsere Wahrnehmungsfähigkeit einen großen Einfluss hat. Sie wird aber durch Fluoride und andere Gifte de facto verkalkt und schrumpft dann von etwa 3 cm auf eine kleine Erbsengröße. Diese Drüse zu aktivieren ist bedeutsam für unser geistiges drittes Auge. Dieses ist das übernächste Energiezentrum oder Chakra nach dem Herzen, wenn wir im Körper nach oben gehen. Darüber hinaus ist auch die *Hypophyse* sehr wichtig für die Integration der göttlichen Impulse und die uneingeschränkte, intuitive und spielerische Kreativität. Alle Menschen haben diesen Kanal. Besonders in den jetzigen Zeiten ist es wichtig, ihn zu aktivieren, denn er zeigt uns, was und wer wir in Wahrheit sind.

Die geistige Anbindung öffnet deinen Kanal zu höheren Ebenen des Bewusstseins und zur göttlichen Matrix. Wenn du dich dem mehr und mehr hingibst, wird dieser Kanal Teil deines Seins und verändert im Lauf der Zeit auch deine Gedanken ins Positive. Das ist wesentlich und hier schließt sich der Kreis. Denn, wie gesagt, stets gilt: Gedanken erzeugen Realität. Mit ihnen beginnt alles, sie sind der Kristallisationspunkt aller sinnvollen, da bewusst geführten Veränderungen im Leben.

Frage dich: Was denke ich den lieben langen Tag? Sich immer mehr dessen bewusst zu werden, was wir denken, und auch, woher diese

Gedanken kommen, ist enorm wichtig für deine geistig-seelische Weiterentwicklung. Deine Gedanken bewirken all das, was in dein Leben kommt. Werde dir ganz klar darüber: Du ziehst das an, was du denkst.

Aus deinen Gedanken entspringt letzten Endes auch dein Wille. Auch aus diesem Grund ist es eine gute Idee, stets genau dort anzusetzen. Du merkst bestimmt schnell, dass es in deinen Gedanken so einiges zu sortieren und zu bereinigen gibt, um zu einem klaren Geist zu gelangen. Gehe es an …

PRÜFE DEINE BEZIEHUNGEN

Da das Denken zur Realität wird, zeigt sich dir vor allem in deinen Beziehungen sehr schön, wo du stehst und welche Lernschritte für dich anstehen. Frage dich: Wo braucht es hier noch mehr Klarheit? Diese Klärung führt automatisch zu einem klaren Geist.

Du hast bereits gesehen, dass oft die Menschen des engeren Umfeldes ganz massiv dein Denken beeinflussen. Kläre heute noch einmal diesen Bereich: Beginne im innersten Kreis bei deinen Eltern und Ahnen, gehe über in die Schule und das Umfeld der Ausbildung, in Freundschaften und Partnerbeziehungen und schaue dir auch noch einmal die »großen« Vorgaben aus den gesellschaftlichen Systemen an. Besonders bedeutsam sind hier deine Partner und Liebesbeziehungen. Widme dich also heute ganz gezielt und konzentriert der *Bereinigung ungelöster seelischer Themen*, um endgültig deinen inneren Frieden zu finden.

Wenn das nicht geschieht, entsteht erfahrungsgemäß das folgende Phänomen: Konflikte enden oftmals in einer Trennung, ohne aber das zugrunde liegende Thema gelöst zu haben. Viele glauben dann, dass mit der »Trennung« alles vorbei und gelöst sei. Das ist meist ein Irrtum. Denn solange die offenen Wunden nicht im *Frieden* bereinigt sind, kann es gar nicht vorbei sein – die Energien binden nämlich noch auf einer tieferen Ebene.

Es geht dabei nicht nur um ehemalige, intime Partner, sondern um jede wichtige Beziehung, die verlassen wurde. Wenn du aber ehrlich in deine Seele blickst, spürst du immer, wo etwas noch nicht geklärt, noch nicht im Frieden ist. Nimm dir also die Zeit und überlege, für welche Personen das zutrifft. Schreibe ihnen dann beispielsweise einen Brief der Bereinigung, aus Wohlwollen und innerem Frieden heraus. Schicke ihn ab, wenn das stimmig ist. Wenn nicht, dann schreibe ihn dennoch ...

Fragen für dein persönliches Wachstum

- Erkennst du die unverfälschte Stimme deiner Seele?
- Reflektiere über das, was du denkst. Beobachte deine Gedanken. Welche Muster erkennst du?
- Welche Themen in deinen aktuellen oder früheren Beziehungen sind noch nicht bereinigt?

7. Raunacht

30. auf 31. Dezember
Den Übergang meistern

Der kollektive Neubeginn, in dem wir stehen, geht mit einem Übergang einher, der größer kaum sein könnte. Umso wichtiger ist der heutige Tag, an dem es darum geht, sich mit den Vorbereitungen auf das neue Jahr zu beschäftigen. Wir bewegen uns damit – kollektiv wie individuell – in Richtung einer Brücke, auf der es kein Zurück gibt, denn die alte Welt ist bald Geschichte.

Doch zunächst gilt es, innezuhalten: Wie geht es dir mit dem bisherigen Prozess? Konntest du die tieferen transformativen Qualitäten spüren und gut integrieren? Fühlst du dich bereits befreiter und mehr in der Frequenz deiner Neuausrichtung?

Nach den bisherigen Stationen bist du nun in der Halbzeit der Raunächte angelangt und darfst dich auf das Neue ausrichten. Warum ist das jetzt erst ein guter Zeitpunkt? Manchmal belastet uns ein Thema und wir entscheiden, es zu verlassen, um gleich etwas Neues zu suchen. Ob Beruf oder Beziehung, wir alle haben diese Erfahrung bereits gemacht. Doch wie weißt du, ob du nicht doch noch gefangen bist in einer alten Projektion, die vielleicht mit deiner Herkunft zu tun hat? Oder ob dich innere Stimmen beeinflussen, über deren Herkunft du bisher nicht wirklich Bescheid weißt? Wie weißt du, ob du nicht im Kollektiv einer Gruppe gefangen bist und mehr deren Werte lebst als deine eigenen?

Die zentrale Antwort darauf lautet: Du kannst das Neue nur rein beginnen, wenn dich wirklich dein *Herz navigiert*. Veränderungen sind schon ohne äußere Umbrüche, wie wir sie derzeit erleben, ein großes Thema. Nun aber ist der Wandel von immenser Bedeutung, da zusätzlich im Außen sehr viele Faktoren hinzukommen, die uns besonders fordern. Umso mehr brauchen wir eine klare Orientierung, um gut und authentisch über »die Brücke« zu gehen.

Du bist also genau richtig im Prozess der vergangenen Raunachtstage, denn es geht um viel. Es geht darum, dass du dich gut ausrichtest in dieser Zeit und all das aussortierst, was dich in die Irre führt. Auch wenn es tatsächlich oft sehr herausfordernd und zum Verrücktwerden ist, dürfen wir nicht vergessen, dass es uns letztlich zum Guten dient. »Verrücke« also deine Perspektive, denn wenn es chaotisch wird, ist das ein gutes Zeichen. Es bedeutet: Dann geht es um Neues.

SICH IM FRIEDEN VERABSCHIEDEN

Der heutige Tag ist dem Abschied gewidmet: Dem Abschied vom bisherigen Leben – und auch vom bisherigen Ich, deiner Persönlichkeit. Keine Angst, das bedeutet nicht, dass du alles aufgeben musst, das ist nicht das Thema. Sieh es eher wie eine neue Schicht oder eine neue Ebene an, die gelebt werden will. Das verändert natürlich in der Konsequenz im Lauf der Zeit alle Lebensbereiche.

Die Veränderungen unserer heutigen Gesellschaft zeigen uns das das Thema »Abschied« drastischer, als es manche vielleicht glauben wollen. Da wir uns in einem fundamentalen Wandel befinden, braucht es auch ein *neues Fundament*, um stabil zu bleiben. Das bedeutet nichts Negatives – im Gegenteil. Wir können uns darin üben, gewisse Sicherheiten aufzugeben und uns dem hinzugeben, was das Leben wirklich von uns will.

Wenn du das so annehmen kannst, liegt darin eine enorme Chance, denn du kannst dich dadurch von jenen Mustern und Qualitäten verabschieden, die für dein Leben hinderlich sind und deine Entwicklung für eine wahrhaftige Zukunft nicht (mehr) fördern. Blicke bei Bedarf noch einmal auf die Übungen der Los- und Auflösung vom 3. Raunachtstag und der Be-Reinigung von gestern, um für den Übergang gut vorbereitet zu sein.

Erkenne dann: Das Neue ist meist schon da. Oftmals ist es noch schwer, das wahrzunehmen. Es zeigt sich vielleicht noch nicht klar und deutlich, weil es um dich herum zu laut ist und du deshalb deine Intuition, deine inneren Stimmen nicht gut wahrnehmen kannst. Mache es also möglichst still um dich und lausche. Sei geduldig. Antworten werden kommen, wenn du empfangsbereit bist.

DIE LEERE, WO ALLES IST

Es gibt einen Raum, wo es leer wird. Einen Zustand, vor dem viele Angst haben, denn da ist einfach Nichts. Und doch ist es jener Zustand, wo alles zu finden ist. Auf dem Weg dorthin herrschen meist Chaos und Unordnung. Doch dahinter will sich viel Neues und Positives zeigen. Den Zustand des Übergangs dorthin nicht nur auszuhalten, sondern ihn als die große Chance für Veränderung in die eigene Essenz zu sehen, bedeutet einen großen Schritt in wahre Meisterschaft.

Du befindest dich also auf einer Reise, die bis zum *Nullpunkt* gehen kann. Denn das ist die wahre Quelle von allem und steht für deine wahre Essenz im Feld der göttlichen Matrix. Dort gibt es keine Sicherheit, außer jenes Vertrauen, welches du tief in dir finden kannst. Das ist der Ort, der besonders in diesen Zeiten eine große Rolle spielt. Es ist jener Ort, wo du Klarheit darüber erhältst, was du als das Neue begrüßen willst.

Du bist es, der dem Neuen Ausdruck verleiht, indem du eine klare und kraftvolle Intention ins Feld schickst. Da die Energie der Aufmerksamkeit folgt, kommt dadurch alles ins Rollen – du brauchst nur mit Disziplin dranzubleiben. Zusammengefasst bedeutet das: Am Anfang ist der Gedanke. Gedanken, die auf etwas Neues ausgerichtet sind, brauchen eine klare Intention und einen kraftvollen Fokus. Du löst dich mehr und mehr von deiner Vergangenheit, von deinen alten Mustern und belastenden

Emotionen und leitest dadurch einen Geburtsprozess für das Neue ein. Du nimmst den Übergang an und hast dein Ziel klar vor Augen.

Mache dir dabei klar: Solange du in den wichtigen Fragen nicht den Impulsen aus deinem *höheren Bewusstsein* die Führung überlässt, steuert dich die 3D-Persönlichkeit zu sehr. Und diese hängt meist an den alten Gewohnheiten fest. Sie ist in der Regel kein guter Ratgeber, wenn es um die wirklich wichtigen Fragen und großen Richtungsentscheidungen geht. Die 3D-Persönlichkeit, dein Ego orientiert sich primär an Äußerlichkeiten und definiert sich darüber. All diese Kleinheiten gilt es immer wieder zu überwinden.

Deine Seele flüstert dir auch in Zeiten des Übergangs zu, wohin die Reise gehen soll und was du noch erfahren sollst. Du traust dich, auf Unbekanntes zuzugehen. Du entscheidest dich für das wirklich Neue, auch wenn du vielleicht mangels Erfahrungen noch keine Sicherheiten hast. Du spürst vielleicht einen Widerstand, dem du naturgemäß ausweichen möchtest. Doch auch diese Aufgabe meisterst du und gehst weiter.

WAGE DEN ÜBERGANG

Konzentriere dich zunächst auf das Was. Das Wie kommt später. Treffe also eine kraftvolle Entscheidung und habe eine *klare Intention* als geistige Vorwegnahme des Neuen. Diese Haltung wird stark wirken und dir die nötige Kraft und Energie bringen. Die entsprechenden Frequenzen ziehen das in dein Feld, was frequenzspezifisch mit der Energie deiner Intention zusammenhängt. Alles andere folgt dem Gesetz der Anziehung. Dir das bewusst zu machen, ist heute die Hauptaufgabe.

Am besten geschieht das in einer entspannten und meditativen Haltung. Frage dich dann, was in deinem Leben landen möchte. Das kann so gut wie jeden Lebensbereich betreffen. Oftmals kennen wir die Antwort bereits, haben die Konsequenzen aber innerlich abgelehnt, weil aus irgendeinem Grund Widerstand entstanden ist. In den meisten Fällen sind die großen Lebensbereiche betroffen: Gesundheit, Beziehung, Freunde, Berufung, Lebensfreude, Reisen und Abenteuer und Traum von einer besseren Welt. Es ist natürlich individuell verschieden, was sich hier erneuern oder gänzlich neu ins Leben kommen will.

Die Zukunft beginnt stets im Hier und Jetzt. Sie geschieht bereits in dem Moment, wo du jeden Zweifel loslässt, dass deine Vision nicht funktionieren könnte. Das Neue ist bereits in dem Moment vorhanden, wo du mit deinen Gefühlen aus dem reinen Herzen und mit deinem Glauben echt und ehrlich sowie ohne egoistische Bedürfnisse damit verbunden bist. Wo du innerlich »Ja« sagst und es akzeptierst, als ein reales Potenzial. Du bist dann eins mit deinem Wunsch, mit deiner Intention, und bist nicht mehr getrennt vom Ergebnis. Je kraftvoller, tiefer und essenzieller also deine Gedanken, desto mehr Energie wird die Verwirklichung begünstigen.

Fragen für dein persönliches Wachstum

- Kannst du Signale erkennen, die in deinem Leben auf etwas ganz Neues hinweisen? Was klopft an deine Lebenstür? Wie findest du den Weg dorthin?
- Kommen Ängste vor dem Unbekannten auf? Wie kannst du diese überwinden?

8. Raunacht

31. Dezember auf 1. Januar
Die Schwingung erhöhen

Schön, wenn du ganz in deinem Stil einen klaren und kraftvollen Fokus für einen Start ins neue Jahr gefunden hast. Herzlichen Glückwunsch dazu! Ich hoffe, dass dich die bisherigen Tage mit den Impulsen darin dabei unterstützen konnten, die einzelnen Schritte deiner Weiterentwicklung schlüssig zu gehen. Mögen deine Wünsche immer klarer hervortreten und getragen sein durch Vertrauen und Glauben.

Transformation ist ein ewiger Prozess. Auf der Grundlage deines bisherigen Lebens baust du dir Schritt für Schritt ein neues Fundament. Der Vergangenheit mit Dankbarkeit zu begegnen, gehört wesentlich dazu, denn die Erfahrungen daraus sind ein wichtiger Teil des Veränderunsprozesses. Sie gaben dir Werkzeuge an die Hand, die dich bis zum jetzigen Punkt in deinem Leben geführt haben. Insofern trugen sie auch dazu bei, dass du heute so weit bist, manches davon hinterfragen zu können und neue Impulse in dein Leben zu bringen.

Das Leben kann als etwas Zyklisches betrachtet werden. Dabei gibt es viele Zyklen, die sich überlagern, woraus neue Dynamiken entstehen. Insofern kann man es sich auch spiralförmig vorstellen, so dass es auch immer um eine *Entwicklung in etwas Neues* geht. So ist auch jede Erfahrung, die du gemacht hast, Teil einer Entwicklung. Somit ist es ein ganz natürlicher Prozess, dass du dich immer wieder von Bisherigem verabschiedest, leer wirst und etwas Neues im Leben begrüßt.

Wenn du all das als ständige Lernerfahrung erkennen kannst und dafür dankbar bist, erhöht kaum etwas deine Schwingung mehr als diese Haltung. Denn wenn du damit in die Zukunft blickst, weißt du, dass du alles meistern wirst – und irgendwann auf immer mehr aus eigener Kraft erreichte Ziele in echter und lebendig erlebter Dankbarkeit zurückblicken kannst.

Das tiefgründige Wissen, dass alles, was du erlebst, von Bedeutung ist und du dies als solches annimmst, ist wesentlich. Dass jede Erfahrung dich weiser macht auf dem Weg deiner Evolution und du dich fragst, was du aus dieser Erfahrung lernen kannst, ist eine weisheitsvolle, positive und Kraft spendende Haltung. Es geht vor allem darum, durch das Annehmen-Können stets in einer entspannten Haltung zu sein. In diesem Zustand kommen dann meist tiefere Erkenntnisse – und das bedeutet echtes Lernen.

DAS GUTE VON NEGATIVEN ERFAHRUNGEN

Wenn du in deine Vergangenheit blickst und auf jene Ereignisse, die schwierig waren, was kannst du erkennen: Was hast du dadurch gemeistert? Was hast du genau deshalb entwickelt, gerade durch diese Erfahrung? Schiebe den Schmerz an diese Erinnerung so gut es geht beiseite und schaue dir einmal die andere Seite des Ereignisses an.

Wir sind meist gewohnt, den Schmerz und die Verletzung zu sehen und nachzuerleben – und dabei zu bleiben. Damit wird auf Dauer aber nichts besser. Wenn du deine Wunden therapeutisch, energetisch oder anderswie aufarbeitest, ist das vollkommen in Ordnung, wenn das dein Weg ist. Doch sobald du *eine andere Perspektive* einnimmst, wirst du schon dadurch tiefe Erkenntnisse und vielleicht auch Heilung bekommen. Sei konsequent und suche danach, wenn dir nicht sofort klar ist, was in deinem bisherigen Leben auch an positiver Kompetenz und an Fähigkeiten gewachsen ist. Jede Spannung und jeder Schmerz bergen große Schätze in sich. Wenn du nach einer gründlichen Innenschau darauf zurückblickst, gibt es noch Zweifel daran, dass derartige Erfahrungen äußerst wichtig für deinen Weg sind? Kannst du die darin verborgenen Geschenke erkennen? Wenn ja, spürst du, wie sich eine enorme Frequenz der Dankbarkeit in dir ausdehnen will? Mit Sicherheit ...

Wenn du erkennst, wie sich deine wunden Punkte mehr oder weniger bewusst in etwas Positives gewandelt haben, musst du in vielen Fällen kaum noch durch eine klassisch-traditionelle Therapie etwas »aufarbeiten«. Zu lange über ein Problem zu sprechen, macht es vielleicht eher größer als kleiner. Das bedeutet aber natürlich nicht, dass das immer so ist.

Dir wird die Erkenntnis, die mit dem Blick auf die andere Seite der Geschehnisse verbunden ist, jedenfalls sehr helfen. Du konntest dies beim ersten Raunachtstag zum Thema der familiären Wurzeln bereits üben. Alles, was dir bisher widerfahren ist, dient nun deiner Erkenntnis, deiner Entwicklung. Vielleicht hast du durch schwierige Zeiten oder durch Verletzungen eine damit einhergehende ganz neue Qualität aufgebaut. Beispielsweise, dich in Geduld zu üben oder vergeben zu können. Solche neuen Fähigkeiten zu erkennen und wertzuschätzen, gibt dir spürbar Kraft für weitere Entwicklungsschritte.

Gerade echte Beratungskompetenzen stammen meist aus *selbst durchlebtem Leid*. Hat jemand nicht ausschließlich Wissen zu einem Themenkreis, sondern auch Erfahrung, dann entsteht dadurch Weisheit. Wenn also jemand beispielsweise Beratung für HSP (hochsensitive Personen) anbietet und selbst die Erfahrung kennt, wie sich das anfühlt, kann er seinen Klienten aus der Sache heraushelfen. Auch wenn manche Erfahrungen wie eine eigene chronische Erkrankung vielleicht lebenslang eine Herausforderung sind, so ist dies auf einer anderen Ebene wichtig. Denn dadurch kann Klienten geholfen werden.

Auf diese Weise auf das Leben zu schauen, gibt allen vermeintlichen Problemen oder Defiziten eine völlig neue Perspektive. Du siehst dann

immer mehr das, was dadurch erst möglich wird oder was du bereits gemeistert hast. Das ist wie die Perle, die durch Schmerzen in einer Muschel heranreift. In der Regel wirst du mit der neuen Erkenntnis auch etwas verändern, vor allem wenn du das mit Mut und Dankbarkeit wirklich willst.

DIE KRAFT DER GEFÜHLTEN DANKBARKEIT

Wenn du im Herzen verstehst, dass du aus vielem, was schwierig war, positive Kompetenzen entwickeln kannst, kannst du wahrscheinlich wie von selbst für alles Dankbarkeit empfinden. Vor allem, wenn du die »schlechten« Erlebnisse in dein höheres Selbst integrieren kannst. Durch eine solche Haltung siehst du auch alle künftigen herausfordernden Ereignisse als eine gute Möglichkeit deiner Entwicklung. In jeder Verletzung liegt dann ein *großes Potenzial* für die Zukunft. Mache dir bewusst: Je stärker die Spannung, desto größer das Wachstumspotenzial.

Ist das nicht ein positiver Rückblick auf das alte Jahr – und ein segensreicher Ausblick für das Neue? Wenn du die Dinge so wahrnehmen kannst, wie sie wirklich in ihrem Kern sind, lebst du mit Sicherheit in großer Dankbarkeit dafür, dass dein Leben so ist, wie es heute ist. Du beginnst, viele Zusammenhänge tiefgründiger als bisher zu verstehen, wenn du die hinderlichen Emotionen nicht mehr als blockierend erlebst. Negative Emotionen blockieren immer deinen Verstand – und dadurch auch deine Handlungsfähigkeit.

Versuche also ab heute ganz bewusst, diese positive Grundhaltung einzunehmen und in deinen Alltag zu integrieren. Auf diese Weise kommst du wesentlich schneller zu Lösungen und Antworten auf die Fragen deiner Seele. Es ist eine tiefe Menschenerfahrung: Mit der Haltung der konsequenten Dankbarkeit für alles, was war, erhöhst du deine Schwingung. Es kommt dann wahrscheinlich kaum noch Negativität in dein Feld, da du gelernt hast, dein Leben anders zu deuten.

Auf diese Weise kannst du im Lauf der Zeit jede Herausforderung wie etwa Angst vor einer ungewissen Zukunft meistern. Deine persönliche Stärke wird zunehmen. Du eignest dir sogar Qualitäten an, die karmischer Natur sind, denn deine Bemühungen werden über alle Leben hinweg Früchte tragen und dich auszeichnen. Gerade eine solche Bewusstwerdung kann eine große Hilfe sein, mit emotionalen Herausforderungen gelassen umzugehen. Welch Impuls für ein gesundes und getragenes Leben …

Fragen für dein persönliches Wachstum

- Blicke wohlwollend auf das vergangene Jahr zurück: Welche positiven Seiten erkennst du in deinen schwierigen Erfahrungen?
- Kannst du das Gute darinnen sehen?

9. Raunacht

1. auf 2. Januar
Die wahren Wünsche kennen

Dieses Thema kommt bewusst erst jetzt, denn wie würden deine Wünsche lauten, ohne den Erkenntnisschritt des gestrigen Tages? Vielleicht würdest du deine Wünsche in eine bestimmte Richtung formulieren, um dadurch unbewusst negativ Empfundenes irgendwie zu kompensieren. Oder aber die Wünsche stellen sich gar nicht als deine eigenen heraus, sondern als jene, die du noch immer aufgrund unbewusster Bilder oder Prägungen als wünschenswert empfindest.

Durch den bisherigen Prozess über die Raunächte wirst du aber aller Wahrscheinlichkeit nach mit deinen Wünschen ganz anders umgehen. Beim Wünschen ist jedenfalls immer große Vorsicht geboten, denn sie sollen ja – bewusst geführt – tatsächlich wahr werden. Sie brauchen daher ein höchstes Maß an *Bewusstheit und Klarheit*. Aus reinem Herzen zu wünschen, bringt dir den Himmel auf die Erde. Dein Herz ist die Brücke zu einer höheren Ebene des Menschseins. Du hast das mittlerweile erfahren. Eine solche Erfahrung lässt dich spürbar höher schwingen.

Alles, was aus dieser reinen Absicht ins unbewusst wirkende Feld der Quantenpotenziale geschickt wird und ebenso dem großen Ganzen dient, ist dein gelebtes *Schöpferbewusstsein* auf Erden. Glaubst du an diese Wunder? Die feste Überzeugung ist wichtig, denn du bist der Schöpfer deiner Realität. Je klarer dir diese Tatsache wird, desto magischer wird ab diesem neuen Jahr dein Leben in diesem göttlichen Bewusstsein.

Also, was wünscht du dir wirklich wirklich – das heißt, wirklich in der tiefsten Ebene deines Herzens? Bedenke: Es wird immer die jeweils tiefere Ebene, also das, was dem Wunsch zugrunde liegt, manifestiert. Wird beispielsweise ein Wunsch aus der Haltung des »Nichthabens«, also aus dem Gefühl des Mangels und der Trennung gedacht und formuliert, führt dies selten bis nie zu seiner Verwirklichung. Eher verstärkt es den Mangel, denn dieser liegt in Wahrheit dem Wunsch zugrunde. Sei also stets achtsam bei dem, was du dir wünschst.

Die Formulierung eines Wunsches sollte sich stets authentisch anfühlen. Spüre, dass das jeweilige Thema auf einer bestimmten Ebene in dir bereits wahr ist. Ansonsten glaubt dir dein tieferes Unterbewusstsein nicht, was, wie gesagt, zum Gegenteil dessen führt, was du dir gewünscht hast. Verändere deine Haltung dem Wunsch gegenüber deshalb so lange, bis du in dir fühlst, dass er bereits real ist. Wenn du das denken kannst, ist er bereits eine Realität. Es geht dann nur noch darum, wie du es schaffst, die damit verbundenen Frequenzen so zu aktivieren, dass du dein Wunschthema in dein Leben ziehst.

DIE WUNSCHFORMEL

- Mache dir bewusst: Mangel zieht Mangel an. Ist beim Motiv »Ich hätte gern« in Wahrheit die Haltung des »Nichthabens« die Grundlage, bist du von der Erfüllung des Wunsches weiter entfernt, als es dir wahrscheinlich lieb ist. Das Gesetz der Resonanz wirkt immer – auch im Negativen.

- Wenn dein Wunsch einen festen sowie klaren Willen in sich trägt, entsteht die reale Absicht, dies oder jenes wirklich haben zu wollen. Du glaubst in diesem Sinn also fest daran. Dann steigt die Wahrscheinlichkeit enorm an, dass das Wunschobjekt auch zu dir kommt.

- Eine eigene Frage ist: Wer hat den Wunsch? Dein Ego oder dein höheres Selbst? Das ist ein wesentlicher Unterschied. Denn je nach Ebene, woher der Wunsch kommt, wird die Erfüllung einer hedonistischen Befriedigung Ausdruck verleihen oder aber einer wahrhaftigen Entwicklung dienen.

- Selbstverständlich sind weltliche Wünsche auch in Ordnung. Doch ist es bei einer spirituellen Weiterentwicklung nicht das Ziel, beispielsweise mehr Geld zu bekommen oder im Äußeren erfolgreich zu sein. Es geht um größere Dinge – um Dinge, die auch immer dem Gemeinwohl dienen. Das ist ein wichtiger Aspekt der Neuen Zeit.

SEI SCHÖPFER EINER NEUEN ZUKUNFT

Es geht gerade auch bei der Ausrichtung auf die Neue Zeit ganz besonders um neue, gesunde Visionen. Du konntest dich ja bereits tiefgründig damit beschäftigen, wovon du dich lösen möchtest und was du vielleicht ganz hinter dir lassen willst. Du hast dein Herz geöffnet für neue Visionen und schreitest mutig in deine Zukunft. Nun steht die Frage vor dir: Wohin genau soll deine Reise gehen?

Dir wurde vielleicht bereits spürbar klar, was es wirklich bedeutet, wenn du deinem Herzen folgst – und das das auch Ängste auslösen kann oder Unsicherheit. Dennoch weißt du genau, was in dein Leben kommen will. Nun geht es darum, den Weg zu finden, deine Vision umzusetzen und dein Ziel zu erreichen. Die Frage lautet: Wie kommen die neuen Dinge in dein Leben? Es geht heute darum, sich einem vielleicht für dich neuen Zugang zu widmen.

Dazu betrittst du einen magischen Raum in dir. Er ist verwandt mit dem Raum deines Herzens und des essenziellen Selbst. Die bisherigen Erfahrungen der letzten Tage haben dich dahin gebracht, dass du dem, was in dir ist, immer mehr vertrauen kannst. In deinen inneren Räumen geschieht das Wesentliche.

Einen klareren Fokus hast du bereits beim Thema der 7. Raunacht – den Übergang meistern – gefunden. Nun gehst du noch tiefer und in eine dichtere Energie. Dadurch wird dein Gedanke oder Fokus zu einem tiefen Wunsch, und er wandert – physisch gesprochen – in den Frontallappen deines Gehirns. Dort entsteht ein *kraftvoller Wille*. In diesem Gehirnbereich werden Entscheidungen getroffen. Je tiefer die Quelle und Grundlage deiner Entscheidungen ist, desto eher werden sie sich

manifestieren. Wenn du dieses Prinzip für deine Wünsche anwendest, dann geschehen die »Wunder des Lebens«. Auf diese Weise gehen deine Herzenswünsche in Erfüllung.
Vielleicht hast du für diesen so magischen Vorgang einen äußeren Ort oder Raum, wo es ganz still ist und wohin du dich zurückziehen kannst vom lauten Getöse der Welt und all den reizvollen Verlockungen. Denn diese sind nicht dienlich für das magische Potenzial in dir – sie sind tatsächlich hinderlich. Wir sehnen uns alle nach Befreiung und Entfaltung. Sorgen wir daher für diesen wichtigen Raum. Die Zeit ist reif, dass wir dort unsere tiefsten Herzenswünsche und das Neue manifestieren.

DIE ZUKUNFT ENTSTEHT IM HIER UND JETZT

Frage dich: Was willst du wirklich wirklich wirklich? Gehe bei dieser Frage und in deiner Ausrichtung nicht zu sehr auf die mentale Ebene. Beobachte eher neugierig, was sich in dir allein durch die Frage zeigt, was sie auslöst – und lasse die Antwort kommen. Spüre in jeder Zelle die Freude, die damit einhergeht. Selbst deine innersten und tiefsten Wünsche werden in dem Moment wahr, wo du jeden *Zweifel verabschiedest*, dass das mit deinen Wünschen nicht funktionieren könnte. Sie existieren bereits real in dem Moment, in dem du dich tief mit deinen Gefühlen und mit deinem unerschütterlichen Glauben verbindest. Diese Weisheitserfahrung kann man nicht oft genug wiederholen. Sage also innerlich klar und kraftvoll »Ja« zu deiner Vision.
Bist du dir nun klar darüber, was du wirklich willst? Weißt du, welches Motiv hinter deinem Wunsch steckt? Wenn du unsicher bist, ob tatsächlich du selbst das willst, bist du wahrscheinlich auf der richtigen Ebene ... Klingt das paradox? Nein, denn du konntest ja bereits deine inneren Stimmen sortieren und so manches auf- und loslösen, was nicht deinem höheren Selbst entspricht. So hast du mittlerweile Klarheit und kannst die Frage nach den wahren Wünschen gut und sicher und ganz authentisch beantworten.
Es geschehen wirklich *Wunder*, wenn du tief daran glaubst. Vielleicht nicht sofort, aber dein Leben wird sich in diese Richtung verändern. Letzten Endes entstehen sie aus der Überwindung

des rationalen Denkens in Wahrscheinlichkeiten – und aus dem festen Glauben an die Entfaltung der eigenen wahren Potenziale. Um es noch einmal zu betonen: Wenn du die Stimmen des gesellschaftlichen Bewusstseins und deren Konditionierung verlassen hast und deiner befreiten inneren Stimmen begegnest, merkst du, dass du auf immer tiefere Ebene gelangst. Eine klare Intention und Absicht sind dir dabei als Mentoren und Begleiter zur Seite gestellt.

BEKUNDE KRAFTVOLL DEINEN WILLEN

Die geistige Vorwegnahme deiner Zukunft macht sie real. Dies jedoch nicht in den Details der weltlichen Kriterien, sondern gemäß dem, was all dem zugrunde liegt. Was steckt als tiefstes Motiv hinter deinen Wünschen? Das, was du wirklich wirklich wirklich willst. Je tiefer du dem auf den Grund gehst, desto höher schwingt das, was sich dadurch zeigt. Du gelangst in den Herzensraum, in den Raum deiner Visionen und hohen Ideale. In diesem Raum kommst du ganz in deine Magie. Du spürst das deutlich – vielleicht sogar zum ersten Mal in deinem Leben.

Auf dieser Ebene sind weniger Worte gefragt als vielmehr Bilder oder andere kreative Ausdrucksformen. Wähle also ein kreatives Medium und einen Ort, wo du dich ausdrücken kannst. Lasse es fließen und fühle dich ganz tief in dir. Bringe die Essenz dessen auf ein Stück Papier oder auf eine Karte. Sei dabei in vollkommener Präsenz. Meditiere anschließend darüber und fühle die darin enthaltene Energie. Verbinde dich immer wieder damit. Eine wirksame Verstärkung kann sein: Positioniere das Papier oder die Karte in deinen Räumlichkeiten so, dass du immer wieder daran erinnert wirst. Auf diese Weise verdichtest du die Resonanz mit deiner Vision.

Fragen für dein persönliches Wachstum

- Wo ist dein Raum, in den du dich zurückziehen kannst, um dich in Ruhe deinen Wünschen zu widmen?
- Wie sieht dein wichtigster wirklich wirklicher Wunsch aus? Manifestiere diesen in einer kreativen Weise.

10. Raunacht

2. auf 3. Januar
Loslassen lernen

Ab heute geht es darum, dass du dein Gesellschaftsbewusstsein und die damit verbundene Alltagspersönlichkeit verlässt. Ebenso kannst du die entsprechenden Muster und Identifikationen hinter dir lassen. Das Bewusstsein, dass du all das in deiner Essenz nicht bist, ist deine zentrale Haltung dabei.

Das bedeutet, das Ego – beispielsweise weltliche Attribute wie Aussehen, soziale Stellung und andere Identifikationen – jetzt vollkommen hinter dir zu lassen. Du bist nicht das, was du dir vorstellst. Jede Vorstellung über dich selbst und jede Identifikation mit einem falschen Selbst endgültig zu verabschieden, macht dich leer und empfänglich für deine Essenz. An diesem Punkt bist du angelangt. Beachte dabei: Wenn dieser Prozess leicht vonstatten geht, dann ist er nicht ausreichend wahrhaftig und tief genug – so lautet meine These. Also mache dir bitte keine Gedanken, wenn Widerstände auftauchen, nicht alles nach Plan verläuft und das eine oder andere noch seine Zeit braucht. Bleibe konsequent in deiner Absicht und stärke deine Willenskraft. Auf diese Weise festigst du deine Fähigkeit, Unechtes und nicht zu dir Gehörendes zu überwinden.

DIE KUNST DER KOMPROMISSLOSEN HINGABE

Damit das Neue gut seinen Platz findet, muss das Alte endgültig sterben. Dabei verabschiedest du etwas, was du mit deiner bisherigen Haltung mentaler Vorstellungen selbst geschaffen hast und was dabei nicht deiner Wahrheit oder wahren Essenz entspricht. Stelle dir das wie ein »konstruiertes Ich« vor, das durch deine Prägungen und dein Umfeld in einem entsprechenden gesellschaftlichen Bewusstsein entstanden ist. Dieses falsche Ich definiert sich vor allem über den Körper, über die Persönlichkeit und das, was du besitzt. Es ist dein Ego.

Wenn das »konstruierte Ich« bzw. die Identifikation mit dem Ego gefährdet ist, geht es wahrlich ans Eingemachte. Weder dieses »falsche« Ich noch das Ego wollen sterben. Auf einer gewissen Ebene ist das aber erforderlich, wenn du bei dir selbst ankommen möchtest.

Die Reise in deine Essenz wird durch den bewussten *Rückzug aus der Alltagswelt* und aus den 3D-sinnlichen Reizen unterstützt. Das »leer werden« gelingt dir durch konsequentes

Meditieren irgendwann bestimmt ganz gut. Du gelangst damit auf eine Ebene, auf der du eintauchst in den Zustand des höheren Bewusstseins, jenseits jeder äußerlichen Form. Dies ist jenes Sein, welches auf anderen Frequenzen und Ebenen existiert. Auf seiner höchsten Ebene bist du dann eins mit dem Nullpunkt – dem Geist Gottes.

Wenn du zurückschaust auf die Erlebnisse der vergangenen Tage deiner Neuausrichtung, stelle dir die Frage, was du gelernt hast und was du davon für deine weitere Lebensreise mitnehmen möchtest. Durch diesen bewussten Prozess richtest du dich immer mehr auf die Zukunft aus und vermeidest, in den immer gleichen neuronalen Schleifen hängen zu bleiben. Vielleicht klebst du tatsächlich noch an wiederkehrenden Herausforderungen, die mit deinem Beruf oder mit Beziehungen zu tun haben. Solche Knoten zu lösen, das heißt, diese Themen restlos zu überwinden, ist unabdingbar. Das erst macht dich frei und bringt dich auf die erwähnte neue Ebene in deinem Leben. Damit gibst dich sozusagen ganz dir selbst hin und lernst deine Essenz kennen.

Mittlerweile kannst du auch akzeptieren, dass größere Herausforderungen immer mit deiner Entwicklung zu tun haben und wirst nie wieder mit ihnen hadern. Du hast erkannt, dass dich das Wissen und die Erfahrung durch die Meisterung deiner Lebensaufgaben erst wirklich weise machen. Du weißt in deiner Tiefe: Wirkliche Weisheit ist nicht durch theoretisches Verständnis erreichbar, sondern ist geprägt durch konkrete persönliche, meist schwierige Erfahrungen und die bewusste Be-

ÜBUNG

ATEMÜBUNG ZUM LOSLASSEN

1. **Du sitzt im Schneidersitz** in einer aufrechten Sitzposition. Deine Hände legst du auf deine Knie. Nun spannst du zuerst den Beckenboden an und ziehst dann den Unterbauch ein. Atme kraftvoll durch den Mund ein. Dabei ziehst du die Luft durch den Rachen wie durch einen Strohhalm nach oben in Richtung Hinterkopf und visualisierst, wie die Luft entlang deiner Wirbelsäule emporsteigt. Dann hältst du die Luft an, womit Druck erzeugt wird, der die Zirbeldrüse aktiviert. Halte die Luft so lange an, wie du es schaffst. Dann löst du die Anspannung und lässt die Luft sanft entweichen. Das machst du etwa 4-mal hintereinander.

2. **Bleibe im Schneidersitz** und in einer aufrechten Sitzposition. Nun formst du auf der Höhe deines Kinns mit deinen Händen ein Dreieck, sodass sich deinen Fingerspitzen berühren. Du kannst sie auch mit rechtwinkligem Ellbogen und einander zugewandten Handflächen halten. Atme ein, ziehe dabei die Luft durch den Rachen nach oben und visualisiere, wie sich die Luft entlang deiner Wirbelsäule wie durch einen Strohhalm nach oben bewegt. Dann hältst du wieder die Luft an.

3. **Im Unterschied zu vorher** bläst du die Luft nun mit Druck aus und spannst deinen Unterbauch, Beckenboden und deine Oberarme an. Visualisiere dabei zwischen den Handflächen das, was du loslassen oder seinlassen willst. Blase durch den Mund die Luft so aus, als ob du kräftig pusten würdest. Wiederhole dies einige Male. Danach lässt du die Energie für eine halbe Minute wirken und wiederholst diesen Zyklus. Damit wird die Zirbeldrüse aktiviert und du öffnest deinen Kanal für deine Essenz.

schäftigung damit. Du vertraust immer mehr dem, was dir das Leben zeigen will und kannst die damit einhergehenden Erlebnisse und Erfahrungen meistern.

DER WEG DER WAHREN MEISTERSCHAFT

Deine schwierigen und schmerzhaften Erfahrungen zu integrieren und mit diesem Bewusstsein alltäglich zu leben, ist die *Meisterklasse* in deiner Entwicklung. Du erfährst das Leben dann in einer Weise, wie das Leben nun mal ist: eine ständige Abfolge von Entwicklungsschritten durch vielschichtige Erkenntnisprozesse. Hat man das eine gelöst, kommt schon die nächste Aufgabe. Das kannst du so annehmen und innerlich in Frieden damit umgehen.

Da dies alles nicht auf Knopfdruck gehe und du unter Umständen erst seit ein paar Tagen an diesen Themen arbeitest, gilt stets: Gehe bei Bedarf auf die jeweiligen Raunächte bzw. Bewusstwerdungen und Übungen zurück, um dich diesen Themenbereichen nochmals zu widmen. Es ist eher unwahrscheinlich, dass du bereits in der Tiefe dieser Übungen angekommen bist und alles erledigt hast, was du verändern könntest, denn es geht hierbei um echte Lebensprinzipien.

Dafür braucht es die spirituelle Öffnung. Das Ziel dabei ist, dass sich deine Seele durch das Leerwerden wieder an sich selbst erinnert. Nicht umsonst hieß es schon bei den alten Griechen »Erkenne dich selbst« (Gnothi seauton). Am Beginn der Neuzeit formulierte dann der Philosoph René Descartes sein berühmtes »Ich denke, also bin ich«. Denken und Erkennen hängen eng miteinander zusammen.

Geht es aber ausschließlich um das Denken oder nicht auch um das Fühlen, wenn wir unser wahres Selbst erkennen wollen? Einerseits ist es das Denken, das uns die größte Klarheit schenkt. Andererseits drückt sich die Seele mit ihren zarten Botschaften sehr oft auf der Ebene des Fühlens aus. Wenn du dich im Denken mit deinem Fühlen verbindest, dann entstehen andere Gedanken, als durch ein ausschließlich rationales Denken – es entsteht eine Art fühlendes Denken oder *Herzdenken*. Dieses ist viel wärmer als das kalte Verstandesdenken und lässt dich sehr viel tiefer erkennen, wer du bist, und um was es jetzt geht.

SICH AN DEN KERN DER SEELE ERINNERN

Es gibt viele Methoden, wie du dich im gründlichen Loslassen üben kannst, um dadurch jenen Ballast über Bord zu werfen, der dich vom Erkennen deiner selbst abhält. Beispielsweise das gelassene *Annehmen dessen, was ist*, um damit deine Widerstände oder Ängste zu überwinden. Ebenso kannst du durch eine *Horoskop-Analyse* ein aussagekräftiges Bild dazu bekommen, warum alles Frühere durchaus seine guten Gründe hatte und worin die positiven Seiten für deine Weiterentwicklung im Hier und Jetzt zu sehen sind.

Feuerrituale können dir beim Loslassen und Ankommen bei dir selbst helfen. Sie sind ein traditioneller Einstieg dafür. Haben sie jedoch eine neuronale Verknüpfung mit früheren Erfahrungen aus der Zeit deiner Fremdprägungen, sind sie wahrscheinlich weniger förderlich. Falls das aber nicht der Fall ist, kannst du beispielsweise das Feueratmen samt kräftigem Ausblasen mit klarer Intention versuchen.

Ich selbst habe diese Technik im Rahmen meiner schamanischen Erfahrungen gelernt. Es ist auch bekannt als das Sufi-Atmen oder als das holotrope Atmen nach Stansilav Grof. Bei letzterem geht es allerdings nicht ganz so intensiv in den Prozess. Dennoch ist diese Technik effektiv und wirksam. Besonders kann ich dir auch Joe Dispenza empfehlen, der vieles davon in seiner Arbeit integriert hat und dies mit neurowissenschaftlichen Bezügen ausführlich beschreibt. Meine Erfahrung ist jedenfalls, dass vor allem der Wille dabei viel Tiefgründiges bewirken kann.

Fragen für dein persönliches Wachstum

- Was war die Konsequenz aus der größten schmerzhaften Erfahrung deines Lebens?
- Welche dir bisher noch nicht bewussten Fähigkeiten konnten sich (nur) dadurch entwickeln?
- Wie groß ist dein Wille, deine unwahrhaftigen Lebensprägungen endgültig loszulassen?

11. Raunacht

3. auf 4. Januar
In die Essenz gehen

Heute kommst du an. Ganz bei dir selbst. Wahrnehmend, was ist. Frei von allem, was war und was du einmal geglaubt hast zu sein. Die Bereitschaft, wirklich loszulassen, die Ebene zu wechseln und der inneren Führung bis zu deinem essenziellen Selbst zu folgen, ist verbunden mit deiner lebendigen Hingabe und der Kraft des Annehmens. Empfangsbereit zu sein für den *göttlichen Funken aus der Matrix* und diesen auch auf- und anzunehmen, darin mündet dein Prozess. Eine neue, tiefgreifende Erfahrung steht also an.

Mache dir bewusst: Die Impulse aus höheren Ebenen wollen dich wahrlich leiten und führen. Wie erwähnt, stehen sie oft im Widerspruch mit deinem rationalen Verstand, dem gesellschaftlichen Alltagsbewusstsein, deinem Ego. Es geht also um die absolute Bereitschaft für diese geistige Empfängnis, damit aus diesem transformativen Prozess etwas wirklich Neues geboren werden kann. Lasse dich besonders in dieser Phase nicht von Leistungsdruck überrumpeln. Es geht um nichts – und gerade im Leerwerden doch um alles, was ist. Fühle dem nach. Geht es damit entspannter? Wunderbar!

Nun kannst du mit allem im Frieden sein. Alles ist gut, wie es ist. Es gibt nichts zu tun, außer ganz zu sein. Einfach da sein. Beobachten und staunen, was sich zeigt. Fühle das Leben und die Natur. Gehe mit offenen Augen raus und nimm einfach wahr. Aktiviere alle Sinne und richte die Aufmerksamkeit auf dein drittes Auge. Sei präsent.

Die Atemübung auf der Seite 81 hilft dir dabei sehr gut, da damit der kognitive Verstand ausgeschaltet wird und du die Tore zum Unterbewusstsein öffnest. Dies wird unterstützt durch die *Klarheit in deiner Selbstwahrnehmung* und das Wissen, worin deine Essenz besteht sowie wohin sich deine Lebensreise entfalten will. Die Grundlage dazu sind deine persönliche Matrix, also das Geburtshoroskop mit der darin lesbaren Lebensaufgabe, sowie die aktuellen Zeitqualitäten. Dadurch werden meist im Unbewussten schlummernde Aspekte deiner wahren Potenziale angesprochen, was wiederum zu noch größerer Klarheit und zu mehr Verständnis und Akzeptanz beiträgt. Sei also bei all dem immer ganz klar und voll bewusst.

Da sich allein durch das Verstehen, durch den Verstand noch nichts Wesentliches im Leben verändert, ist es wichtig, dass dein gesamtes System die neuen Botschaften erfährt. Am besten gelingt dies, indem du direkt mit deinem Unterbewusstsein in Kontakt trittst und die entsprechenden Bereiche aktivierst, damit die neuen Impulse über dein autonomes Nervensystem in alle Zellen gelangen. *Akzeptanz und Bereitschaft* sind die Voraussetzungen, um das Unterbewusstsein aktivieren zu können und es zu »programmieren«.

Das Fazit dabei ist: Das essenzielle Selbst ist das Göttliche in uns. Das, was Menschen seit jeher im Außen suchen, befindet sich in Wahrheit in uns.

ZUR EIGENEN ESSENZ FINDEN

Kennst du jene Instanz in dir, welche die tiefste Weisheit in sich trägt? Sie steckt hinter der Persönlichkeit, hinter dem Neokortex (dem Großhirn), und befindet sich im Kleinhirn, im Bereich unseres Unterbewusstseins: Genauer gesagt im limbischen System. Wenn du daraus einen winzigen Teil mit den Fingernägeln herauskratzen würdest, wären darin mehr Nervenzellen als im gesamten Neokortex. Was das für die Aktivierung deines wahren Potenzials bedeutet, ist kaum vorstellbar.

Gehe dieses Thema offen, neugierig und spielerisch an. Letzten Endes wird dir deine klare Intuition immer das empfehlen, was richtig für dich ist. Dass es dabei zu Konflikten mit deinem kognitiven Verstand oder deinem Ego kommen kann, weißt du. Und auch, dass die wahren Abenteuer genau dort beginnen, wo dir das Leben eine neue Richtung zeigen will. Da wir mehrdimensionale und transpersonale Wesen sind, können wir diese feineren Ebenen nicht wirklich aus unserer rationalen 3D-Perspektive (be-)greifen. Wir gelangen nur dorthin, indem wir uns diesen höheren Ebenen und Frequenzen bewusst zuwenden, indem wir uns innerlich ganz dafür öffnen und empfangsbereit sind.

Voraussetzung dabei ist, deinen meist überaktiven »Monkey Mind« etwas zu zügeln und in die Stille zu gehen. *Naturspaziergänge* bieten sich dabei sehr gut an. Es eignen sich dazu aber auch besonders jene Formen der *Meditation*, bei denen du in den Alpha- oder Thetazustand gelangst. Das sind Frequenzzustände deines Gehirns, die dich tiefer in deine Essenz eintauchen lassen und Zugang zu einem höheren Bewusstsein herstellen. Hier geht es um die gezielte Aktivierung der Zirbeldrüse und der Hypophyse.

Das Loslassen oder das Wechseln der Ebene gelingt vor allem mit Atemtechniken sehr gut, braucht aber dennoch etwas Übung. Das Ergebnis: Du deaktivierst förmlich den Neokortex und machst dich frei von all dem, was du loslassen willst. Mache dich vertraut mit dem daraus fließenden Zustand. Er ist wahrscheinlich neu für dich – aber es kann genauso gut auch sein, dass du dich nicht wirklich darauf einlassen kannst. Dann gilt es, dieses Hindernis zu überwinden.

Wenn du die angesprochenen Frequenzen aktivieren kannst, bist du bereit für die wesentlichen Impulse aus deiner Essenz. Sie helfen dir, deine Göttlichkeit zu erfahren. Dieser Schritt führt dich zu jenen wertvollen Bildern und Im-

pulsen, die dir zeigen, was durch dich ins Leben kommen möchte. Dabei geht die Aufmerksamkeit zwar weg von der Identifikation mit deiner 3D-Version, aber du öffnest gleichzeitig andere Wahrnehmungskanäle. Man könnte auch sagen: Indem du eine neue Ebene der Wahrnehmung betrittst und immer mehr kennenlernst, weicht die Identifikation mit dem rein Sinnlichen und Äußeren immer mehr deiner Entfaltung in die geistige, sinnvoll aufgebaute Ebene des Seins.

EINE NEUE POSITION EINNEHMEN

Gehe nun in die Position des ultimativen Beobachters und nimm wahr, was sich aus der Leere heraus zeigt. Vielleicht bist du mit dieser Position noch nicht so vertraut. Stelle dir diesen Beobachter als eine Instanz vor, die Zugang hat zu Allem-was-ist. Es ist der Gott in dir. Bitte ganz fest darum, dass sich dieser Gott in dir offenbart, und du wirst in reines Gewahrsein schreiten. Es geht dabei lediglich um ein reines Beobachten dessen, was sich dir durch diese Ausrichtung zeigen will. Damit öffnest du dich für die Botschaften reinen Seins.

Im physischen Bereich des Unterbewusstseins – dem Ort, wo der Gott in dir sozusagen untergebracht ist –, im Kleinhirn liegen die Bilder zum Gefühl der Verbundenheit mit allem, was ist. Dort anzukommen bedeutet, in seiner eigenen Essenz zu sein. Welch ein erhabener Zustand! Dein Tagesbewusstsein ist dabei ausgeschaltet, du bist in Empfangsbereitschaft für eine andere Ebene. Um dich im essenziellen Selbst zu erleben, ist es hilfreich, zu liegen. Du kannst dich dem nähern, indem du dich gedanklich auf dein wahres Selbst ausrichtest. Als Leitbild könnte dir Jesus dienen, der den Christus, den Gotttmenschen bis heute verkörpert. Sich dessen immer wieder bewusst zu sein, wer wir in Wirklichkeit sind, ändert unglaublich viel – nicht nur im eigenen Innern sondern auch in der Außenwelt. Die Atemübung zur Aktivierung der Zirbeldrüse (Seite 81) hilft dir, den konditionierten Verstand ruhig zu stellen. Damit kommst du leichter in den Zustand der Gotteswahrnehmung. All das braucht natürlich Übung und ein geduldiges Dranbleiben.

Fragen für dein persönliches Wachstum

- Bist du in der Lage, dich im Beobachten zu üben, ohne dabei Gedanken zu haben?
- Gehe am besten kreativ mit deinen Themen um und schreibe deine Erfahrungen dazu auf. Wie geht es dir dabei? Notiere deine Bewusstwerdungen.

12. Raunacht

4. auf 5. Januar
Etwas Neues manifestieren

Die Raunächte neigen sich dem Ende zu. Jetzt geht es bereits um das Finale des Manifestierens: Damit sich das im Leben zeigt, was du dir zutiefst und aus ganzem Herzen heraus wünschst und auch das, was durch dich gelebt werden will. Es geht um Fragen wie »Was möchte ich vom Leben?« (um echte Herzenswünsche) oder »Was möchte das Leben von mir?« (um Botschaften aus der Essenz).

Die Herzenswünsche zeigen sich meist in »analogen« Qualitäten wie Bildern, Stimmungen oder Gefühlen – also in all dem, was kaum in Worte zu fassen ist. Deshalb spreche ich hier von den »*weiten Visionen*«: Das sind die inneren Bilder, die uns leiten und unser höchstes Ideal darstellen.

Bist du dir klar darüber geworden, was du in deinem Leben willst? Was du dir wünschst? Was hinter deinem Wunsch liegt? Kennst du inzwischen deine wahren Herzenswünsche? Kannst du dir sagen »Ich habe gelernt, meine inneren Stimmen wahrzunehmen und meinem Herzen zu folgen. Ich weiß, was ich wirklich wirklich wirklich will. Ich konnte mich tiefgründig damit beschäftigen, wovon ich mich lösen möchte und wohin meine Reise gehen soll. Jede Veränderung, jede Transformation bringt mich als Neugeburt auf eine neue Ebene«? Wenn dir all dies gelungen ist, dann hast du durch den Prozess der vergangenen Tage eine gute Basis geschaffen für die Manifestation deiner Wünsche.

Mittlerweile hast du vielleicht bereits die Ebene erreicht, wo du ganz frei bist von den Routinen und Gedanken deiner Alltagspersönlichkeit. In diesem Gewahrsein als Beobachter deiner selbst bist du leer und dadurch empfangsbereit für die Antwort auf die Frage: »Was will das Leben von mir?« Frage dich dann: »Welchen Ausdruck meiner Schöpferkraft möchte ich entfalten?« Das Leben ruft dich! Hörst du es?

DEN SEELENPLAN UMSETZEN

Es gibt für jeden Menschen so etwas wie einen Lebensweg oder ein Lebensziel. Viele sagen dazu auch Seelenplan oder *Seelenauftrag*. Die Kenntnis davon hängt mit deiner echten Intuition zusammen, denn häufig sind sich die jeweiligen Themen und Aspekte sehr ähnlich und du kannst eine vergleichbare Qualität spüren.

Ein Beispiel dazu. Ein Mann, der durch seine Herkunft aus einer finanziell eher bescheidenen Umgebung in seinen jungen Jahren immer wenig Geld zur Verfügung hatte, war sehr motiviert, dem ein Ende zu bereiten. Er absolvierte eine entsprechende Ausbildung, um wirtschaftlich sicher im Leben zu stehen. Er machte – im weltlichen Sinn – Karriere. Eines Tages ereilte ihn der Ruf, sich ganz anderen Themen zu widmen, nämlich jenen der tieferen Spiritualität. Da er meinte, damit seinen Lebensunterhalt nicht verdienen zu können, gab es große Widerstände in ihm. Es zeigten sich jedoch immer wieder Botschaften, die ihm genau diesen Weg nahelegten. Nach und nach folgte er diesen Impulsen – sein Leben änderte sich immer mehr. Ab einem bestimmten Punkt widmete er sich vollständig den Impulsen seiner Seele.

Das ist meine persönliche kleine Geschichte. Sie verdeutlicht vielleicht ganz gut den Ruf der Seele. Er kann auch in meinem Horoskop entdeckt werden – wie auch in vielen anderen Horoskopen. Meist geht es dann um Erfahrungen, die wir bis zu diesem Zeitpunkt noch nicht gemacht haben. Deshalb die großen Widerstände. Mein Beispiel zeigt, dass manchmal ein fast schon radikaler Richtungswechsel angesagt ist. Das muss aber nicht so sein. Jedenfalls war damals die Meinung meines Umfelds nicht besonders bestätigend für meinen Lebenswandel, was für mich wirklich eine große Herausforderung war.

Da deine Alltagspersönlichkeit über den Ruf deiner Seele nicht immer jubeln wird, wenn es um etwas Neues geht, kommt – wie bei mir damals auch – oftmals Skepsis oder Unsicherheit auf. Du weißt aber: Das ist ein gutes Zeichen. Es zeigt an, dass du am richtigen Punkt angekommen bist.

Kommt dir dabei vielleicht etwas aus deiner Vergangenheit in den Sinn? An welchen Ruf von früher erinnerst du dich? Wie bist du damit umgegangen? Hielt dich etwas zurück, in die Umsetzung zu gehen? Oder kommen ganz neue Themen in dir auf? Lass dir mit diesen Fragen ausreichend Zeit. Fertige am besten wieder ein Bild dazu an. Keine Angst, das muss keine große Kunst sein: vielleicht eine Bleistiftskizze oder etwas mit Filzstiften, mit Wasserfarben oder wie auch immer. Auch eine Kollage aus Zeitschriften kann ein Zugang sein. Wenn du nicht sofort Botschaften bekommst, bleib geduldig und geh mit der Frage in den Abend hinein. Wie auch in den vergangenen Tagen gilt wieder: Deine Intention ist ein guter Mentor und zählt. Sei also entschieden und fest in deiner Absicht, das zu manifestieren, was dir deine tieferen Herzenswünsche und deine Intuition zeigen möchten.

IN DIE MANIFESTATION GEHEN

Beim Manifestieren dessen, was dir die göttliche Matrix zeigen will, ist die Übersetzung aus dem *Horoskop* enorm hilfreich. Du erfährst etwas, wofür bereits eine neuronale Grundlage geschaffen ist. Dadurch fällt es dir leichter, das Neue – das, was sich zeigen möchte – zu akzeptieren und darauf zu vertrauen. Das ist die Voraussetzung zur Aktivierung deiner wahren Potenziale, die im Unterbewusstsein noch brachliegen.

Du bist an dem Punkt, wo du deine *inneren Impulse in Bilder übersetzt*. Gebe dich diesem Prozess in Präsenz und Achtsamkeit hin. Es kann sich – wie du bereits gelernt hast – im Außen nur das manifestieren, was in deinem Inneren bereits angelegt und vorhanden ist. Das hast du erkannt. Du kannst diese Erkenntnis jetzt ganz konkret für deine Absichten und deinen Fokus verwenden. Der Frontallappen des Gehirns ist das physische Zentrum für Entscheidungen aus diesem Fokus heraus. Je tiefer du dabei in deine Essenz gehst und weißt, was du wirklich willst, desto mehr Kraft entsteht von diesem Ort aus. Eine solche Erfahrung reicht über deine persönlichen und weltlichen Wünsche weit hinaus. Dein kraftvoller und klarer Fokus führt dich.

Wenn du dazu ein Bild skizziert oder gemalt hast, begib dich dabei in eine meditative Stimmung. Fokussiere anschließend in dieser Stimmung auf das Bild. Entspannende Musik oder binaurale Beats können diesen Prozess unterstützen. Ich empfehle im Rahmen des von mir entwickelten Weges der »Trance-Formation«, dass du dich am Beginn auf etwas Kraftvolles konzentrierst, beispielsweise eine goldene Kugel oder die Flamme einer Kerze. Dadurch wirst du leer und bist zugleich fokussiert. Danach hältst du für einige Zeit deinen Blick darauf – unterstützt von der für dich passenden Musik. Nach einiger Zeit wechselst du auf dein Bild. Siehe dazu auch die Playlist auf der Seite 105.

Gut ist es, dabei in die Haltung eines Kindes zu gehen, das in seiner magischen Welt kreativ spielt. Wenn es für dich hilfreich ist, schaue Kindern zu, wie sie spontan den Impulsen des Lebens folgen. Frage dich: »Was macht mich lebendig?« Oftmals verhindert vor allem die berufliche Routine genau das. Wir stecken im Trott fest und üben einen Beruf aus, der nicht mehr stimmig ist. Dann gilt es, die Zeichen zu erkennen und nach Lebendigkeit zu suchen – nach den Themen oder Beschäftigungen, die lebendig und frisch machen.

Fragen für dein persönliches Wachstum

- Was will das Leben von dir?
- Male ein Bild zu dem, was du manifestieren möchtest.

13. Raunacht

5. auf 6. Januar
Den Gral suchen – und finden

Meist wird bei den Raunächten von 12 Nächten gesprochen. Es gibt jedoch 13 Zyklen des Mondes im Jahreslauf, denen im Übrigen beispielsweise auch der Mayakalender folgt. Durch den Bezug auf die Mondzyklen trägt der gesamte Raunachtsprozess eine eher empfangende und damit weibliche Signatur in sich.
Die Bereitschaft, wirklich loszulassen, die Ebene zu wechseln und die Reise zu deinem essenziellen Selbst zu beschreiten, ist stets verbunden mit einer Haltung von absoluter Hingabe und Annehmen. In dieser Empfangsbereitschaft für den Funken aus der göttlichen Matrix – und diesen auch auf- und anzunehmen – besteht die große Meisterschaft. Die Impulse aus dieser höheren Ebene wollen dich wahrlich leiten und führen. Eine absolute Bereitschaft für die geistige Empfängnis ist also die Voraussetzung, damit aus deinem Prozess etwas Neues geboren werden kann.
Die Heilige Nacht gilt als die Geburtsnacht von Jesus Christus. Das war der Startpunkt deiner Reise durch die Zeit der Raunächte. Die Tage danach dienen letztlich Schritt für Schritt dazu, dein eigenes Christusbewusstsein zu entwickeln. Das Christusbewusstsein ist jedoch wesentlich ausgedehnter zu deuten, als der ausschließliche Bezug auf Jesus. Viele Meister lebten und leben immer noch in diesem Bewusstsein. Sie vollbrachten und vollbringen Wunder, da sie die Grenzen ihres irdischen Daseins überwinden lernten.
Die 13. Nacht ist jene auf den 6. Januar, an dem die Heiligen Drei Könige Jesus Christus – als Neugeborener in der Krippe liegend – mit ihren Gaben Weihrauch, Gold und Myrrhe erreichen. Welchem Stern sie nun gefolgt sind – ob

das eher eine Metapher ist oder nicht – und inwiefern es tatsächlich Könige oder eher Weise waren, spielt vom Kern her keine große Rolle. Wesentlich ist, dass diese Geburt gefeiert wurde als die Geburt eines wahren Königs. Eines Königs, der etwas vollkommen Neues in die Welt gebracht hat.

EIN MODERNER ARTUSRITTER SEIN

Der Gral ist eine christliche Symbolik aus dem frühen Mittelalter und steht für ewige Lebenskraft. Er ist zudem das zentrale Element der sagenumwobenen Tafelrunde von König Artus, der sich mit zwölf makellosen, tugendhaften Rittern umgab. Sie widmeten ihr Leben der Suche nach diesem Heiligen Gral und verließen dafür ihr Zuhause. Sie verzichteten auf Weltliches und sind für mich die Archetypen der wahren geistigen Helden. Auf ihrer Suche wurden sie vom Zauberer Merlin immer dann unterstützt, wenn sie in Not kamen.

Der Gral soll dabei der Sage nach jener Kelch gewesen sein, den Jesus beim letzten Abendmahl benutzte. Er soll jedem ewige Jugend verleihen, der daraus trinkt. Dieses Thema findet sich auch bei anderen Meistern, die es schafften, durch »den Gral« ein wesentlich längeres Leben zu führen und die einige Hundert Jahre alt wurden. Als die große Quintessenz von allem ist der Gral aber nicht irgendwo im Außen zu finden, sondern in deinem Inneren. Die Symbolik des Kelches steht für Empfangsbereitschaft – und ist seit jeher ein wahrhaftiges Symbol für den Gral.

Die wesentliche Botschaft der Gralssage lautet meiner Meinung nach: Wenn du deine wahre Natur verstanden hast, brauchst du das Gold im Außen nicht mehr zu suchen, denn das wahre Gold ist in dir. Anders ausgedrückt bedeutet das: Wunder sind nur einen Atemzug von dir entfernt, wenn du dieses tiefe Wissen wirklich integriert hast. Letzten Endes geht es in der Magie des Manifestierens und der Erschaffung deiner Realität genau darum, dass du dir deiner

Göttlichkeit bewusst bist – und dass du deshalb wie die Artusritter ein makelloses und edles Leben führen willst.

Die Quintessenz dieser Reise durch die 13 Raunächte steckt in der Aufforderung, wirklich als ein Gottmensch zu leben. Es geht um die Kernfrage: In welcher Weise willst du künftig leben? Weiterhin im alten Modus des Gesellschaftsbewusstseins? Wahrscheinlich nicht, denn sonst wärst du nicht hier. Zukunftsbilder für dein neues Leben könnten dagegen eher von Vorbildern wie Jesus oder den Artusrittern stammen.

Du hast dich mittlerweile ein ganzes Stück befreit von all dem, was dich in der Vergangenheit gehalten hat. Jeder von uns hat gerade durch das heutige globale Transformations- und Aufwachgeschehen die Möglichkeit, auf eine völlig neue Ebene in seinem Leben zu gelangen. Diese Reise führt zur Essenz. Aus der Essenz heraus zu leben ist das Ziel, denn wir sind diese Essenz. Wir sind unser eigener Beobachter oder das Göttliche in unserer Seele. Es ist in uns. In diesem Sinne ist die Botschaft der Reise durch die Raunächte: Leben wir das Göttliche in uns. – Lebe das Göttliche in dir.

Wenn du die 13. Raunacht im Inneren ergriffen hast und das Göttliche in dir spürbar wurde, kannst du zur Vertiefung und Weiterentwicklung erneut den Zyklus von Tag 1 an beginnen – jetzt aber mit einer neuen Perspektive. Wahrscheinlich liest du dann dieselben Texte ganz anders. Helfen kann dir dabei die moderne »Brille« der Quantentheorie oder der Neurowissenschaften. Beschäftige dich bei Interesse mit diesen Themen. Sie unterstützen dich dabei, die physische Ebene deiner wahren Essenz und den kognitiven Verstand mit der mystischen Ebene deines Unterbewusstseins zu verbinden.

Sei neugierig und bleibe auf dem einmal eingeschlagenen Weg, auf den dich die Raunächte gebracht haben. Führe die Erkenntnisse daraus in die nun kommende Zeit des bereits angebrochenen neues Jahres. Lebe immer mehr aus deiner Essenz heraus und bringe Neues in die Welt. Dann bist ein moderner Gralsritter und ein Teil der Neuen Zeit.

Fragen für dein persönliches Wachstum

- Welche Tugenden hast du bereits entwickelt?
- Welche weiteren Tugenden möchtest du in dein Leben integrieren?

Abschließende Worte

Ich freue mich, wenn dich diese Reise durch die Zeit der Raunächte inspiriert hat und du tiefere Erkenntnisse über dich und dein Leben gewinnen konntest. Geht es nicht darum, dass wir immer wieder eine Standortbestimmung brauchen, um Klarheit zu bekommen, was bleiben soll und was gehen kann? Vor allem braucht es ein weites und ausgedehntes Feld, damit das Neue landen kann. Die Raunächte bieten die beste Zeit dafür. Natürlich ist das auch das ganze Jahr über möglich und die Erfahrungen aus den vergangenen Tagen waren vielleicht erst der Beginn. Falls du diesen Prozess vertiefen möchtest, könnte dich mein Format »Neues Wachstum« interessieren. Mehr dazu findest du auf meiner Webseite. Deine Lebensreise geht weiter – umso mehr wünsche ich dir eine gelungene Integration deiner Erkenntnisse.

Herzlich,
Günter 

DANKSAGUNG

Mein ganz besonderer Dank gilt Gabriele Ruopp, die in Zeiten der Entstehung dieser Texte auch während der Weihnachtszeit fast rund um die Uhr zur Verfügung stand, damit diese in die Welt gehen konnten. Seit Winter 2019/2020 sind es einige Tausend TeilnehmerInnen, die ich live-online durch geführte Meditationen, mit Videos und Blog-Beiträgen begleitet habe. Gabriele war mit ihrer Klarheit und Weisheit dabei immer eine wichtige und wertvolle Begleitung. Ich kann sie als Coach wärmstens empfehlen.
Ebenso möchte ich den bisherigen TeilnehmerInnen meiner Raunacht-Kurse danken. Letzten Endes waren es diese positiven und hochschwingenden Erfahrungen, die mich beflügelt haben, meine Arbeit auszudehnen und mehr Menschen zugänglich zu machen. Ich habe es niemals für möglich gehalten, dass eine so feine Qualität auch über ein Online-Medium möglich ist. Aus dieser Erfahrung und der Nachfrage der damaligen TeilnehmerInnen heraus entstand 2020 das Format »Neues Wachstum«, das zu einem noch umfassenderen Programm für Transformation wurde.

Zum Autor

MATRIX COACHING

Ich war lange Zeit in zwei Welten unterwegs. Mein akademischer Hintergrund hatte mich zunächst in die Wirtschaft geführt, wo ich zuletzt im Topmanagement tätig war. Nach verschiedenen Ausbildungen war ich dann in der systemischen Beratung für Personen und Unternehmen tätig – bis es mich schließlich gänzlich in jenes Feld zog, wo mein größtes Interesse lag. Ich beschäftige mich bereits seit vielen Jahren mit Astrologie, Neurowissenschaften und spiritueller Bewusstseinsarbeit, was im Jahr 2013 im Rahmen von Matrix Coaching zu meinem Hauptberuf wurde. Meine Arbeit und die Begleitung von Menschen zum Thema Transformation in unterschiedlichen Formaten hat seit jener Zeit ein umfassendes Spektrum hervorgebracht. Durch meine öffentlichen Videos auf Youtube wurde mein Wirken einem immer breiteren Publikum zugänglich.

Seit 2019 biete ich Begleitung zu den Raunächten an. Sie stellen für mich die Synthese dar, wie wir unserem essenziellen Sein immer näher kommen. Dadurch kommen wir mit jener Qualität in uns in Kontakt, die das Leben auf eine neue Ebene bringt. Dies ist der Wesenskern in all meinen Formaten. Astrologie bietet dazu eine göttliche Navigationshilfe. Es wird immer wichtiger, dass wir unser wahres und göttliches Sein erkennen und aus dieser Kraft heraus leben. Besonders in diesen Jahren des globalen Wandels ist dies fast unumgänglich. Dazu möchte ich meinen Beitrag leisten und Menschen mit meiner Arbeit inspirieren und ermutigen.

Es ist mir an Anliegen, dass wir in Frieden sind mit uns selbst und auch mit anderen Menschen. Wenn wir uns selbst wieder als die göttlichen Wesen erkennen und erfahren und danach auch leben, wird das auf die Welt wirken. Jeder von uns darf dazu seinen positiven Beitrag leisten. Jede Veränderung beginnt dabei stets in uns selbst.

Ich freue mich, wenn dieses Buch und die darin enthaltene Schwingung tragend und erhellend für dich ist.

www.matrix-coaching.at

Zum Weiterlesen

Baker, Douglas: Das Öffnen des Dritten Auges. Baker eBooks Publishing 2013

Dispenza, Joe: Werde übernatürlich – Wie gewöhnliche Menschen das Ungewöhnliche erreichen. Koha 2017

Doidge, Norman: Wie das Gehirn heilt – Neueste Erkenntnisse aus der Neurowissenschaft. Campus 2015

Ferreira, Susana Garcia: Naturrituale im Rhythmus des Jahres – Die Kraft der Natur erleben. Nymphenburger 2023

Fischer-Rizzi, Susanne: Das Geheimnis deines Ortes – Anleitung zum heimisch werden. Kosmos 2020

Fischer-Rizzi, Susanne: Mit der Wildnis verbunden – Zwölf Wege in die Natur: Kraft schöpfen, Heilung finden. Nymphenburger 2023

Fuchs, Christine: Räuchern im Rhythmus des Jahreskreises – Persönlich gestaltete Rituale für einen kraftvollen, naturverbundenen Alltag. Nymphenburger 2022

Fuchs, Christine: Räuchern in Winterzeit und Raunächten – Mit Ritualen innehalten und zur Ruhe kommen. Nymphenburger 2020

Fuchs, Christine & Sam Hess: Rituelle Hausräucherung – Räume, Häuser und Büros energetisch reinigen. Nymphenburger 2019

Fuchs, Christine & Caroline Maxelon: Räucherstoffe aus aller Welt – Anwendung, Wirkung, Merkmale. Kosmos 2019

Hess, Sam: Die Welt der Naturgeister – Das Arbeitsbuch. Nymphenburger 2022

Hess, Sam: Die Welt der Naturgeister – Zwerge, Feen und Nymphen wahrnehmen und sich mit ihnen verbinden. Nymphenburger 2020

Limmer, Stefan & Brigitt Täuber-Rusch: Wunderwerk Zirbeldrüse – Das Bewusstseinstor zu einer erweiterten Wahrnehmung. Momanda 2018

Neumayr, Dorothea: Die Heilkraft der stillen Zeit – Advent, Weihnachten und Raunächte besinnlich erleben. Nymphenburger 2022

Rudolf, Ingo: Dein Bewusstsein heilt (fast) alles – Entdecke die Heilkraft des Herzens mit der 4-in-1-Meditation. Nymphenburger 2023

Stoehr, Guntram: Die Natur als Kraftort – Heilsame Plätze erspüren und ihre Energie erfahren. Nymphenburger 2020

Stumpf, Ursula u.a.: Mythische Bäume – Kulte und Sagen, Heilkunde und Nutzwerte, traditionelles Handwerk. Nymphenburger 2021

Veit, Myriam: Die Heilkraft der Raunächte – Rituale, Räuchermischungen und Rezepte für die heiligen Nächte. Nymphenburger 2021

Villoldo, Alberto & David Perlmutter: Das erleuchtete Gehirn – Mit Schamanismus und Neurowissenschaft das Geheimnis gesunder Zellen entdecken. Goldmann 2011

Warnke, Ulrich: Die Öffnung des 3. Auges – Quantenphilosophie unseres Jenseits-Moduls. Goldmann 2019

Wessbecher, Harald: Das dritte Auge öffnen – Eine neue Dimension der Wahrnehmung und Entfaltung mentaler Kräfte. Heyne 2013

UNTERSTÜTZENDE MUSIK FÜR DEINE MEDITATIONEN

matrix-coaching.at/playlists

Register

3D-Bewusstsein 35
3D-Persönlichkeit 64
3D-Perspektive 86
3D-Version 88

Abhängigkeiten 29
Ablöseprozess 36
Abschied 62, 79
Ahnenlinie 22
Akt, mystischer 39
Akzeptanz 86
Alleinsein 51
Alltagspersönlichkeit 30, 79, 91 f.
Alltgsbewusstsein 16, 85
Anpassungsdruck 49
Astrologie 6, 9, 103
Atemtechniken 17, 39, 57, 86
Atemübungen 81, 85, 89
Auflösung 62
Auflösungsprozess 39
Auslöser 37

Ballast 56 f., 83
Beobachter 9, 32, 45, 88, 91, 99
Beobachterperspektive 22, 41
Beratungskompetenzen 68
Bereinigung 57, 62
Bereitschaft 43, 85 f., 97
Bewusstheit 73
Bewusstsein 9, 10, 14, 18, 36, 64, 82
Bewusstseinszustände, erweiterte 16
Beziehungen 29, 37, 49 ff., 55, 58 f.
Beziehungsdynamiken 53
Bindungsdruck 49
Bindungseffektv49, 50
Bräuche 4

Chakren 41, 43
Chaos 63
Christutsbewusstsein 9, 24 f., 97

Dankbarkeit 67, 70 f.
Dreiheit 57

Ego 46, 55, 65, 74, 79, 85
Eigenverantwortung 49
Energie 43, 50 f., 63, 65
Energiezentrum 41, 45, 57
Engel 30
Ent-Bindung 36
Epigenetik 38, 55
Erfahrungen, negative 68
Essenz 10, 14 f., 63, 79, 85 ff., 99
Evolution 67

Familienwurzeln 21
Fasten 56
Feuer 18
Feuerrituale 18, 83
Fokus 16, 19, 39, 63, 75, 94

Frequenz 41, 43, 53, 68
Frontallappen 56, 75, 94
Fundament 62, 67

Geburtsprozess 64
Gedanken 39, 55, 57 f., 63, 65, 91
Geduld 11, 68
Gehirnfrequenzen 16
Geist Gottes 80
Genpool 22, 27
Gesellschaftsbewusstsein 18, 41, 44, 79
Gesetz der Anziehung 65
Gesetze, hermetische 44
Glaube 25, 65, 67, 77
Gleichgewicht 57
Gott 18, 25, 32, 88 f.
Gotteswahrnehmung 89
Göttlichkeit 86, 99
Gottmensch 99
Gral 25, 98 f.

Heilung 21, 22 f., 43, 68
Heldenreise 36
Herkunftsfamilie 21, 23, 27
Herz 41 ff., 61, 73, 75
Herzdenken 82
Herzensraum 46 f., 77
Horoskop-Analyse 83
Horoskop 92
Hypophyse 57, 86

Intention 19, 30, 39, 45, 63, 65, 77, 83, 92
Intuition 18, 27, 32, 55, 62, 86, 91 f.

Kindererziehung 9
Klarheit 29, 43, 63, 73, 76, 82, 85
Klopftechniken 39
Kohärenzforschung 43
Konditionierung 28, 38, 47, 77
Körper 22, 39, 44, 55 ff.
Kreativität 43, 57

Los- und Auflösung 35, 38, 55, 62
Loslösung 36 ff., 47

Manifestation 91 ff.
Massenmedien 29
Matrix Coaching 6, 103
Matrix, göttliche 17, 32, 57, 63, 85, 92, 97
Medienkonsum 30
Meditation 86, 102
Meisterschaft 22, 38, 63, 82 f., 97
Melatoninspiegel 10
Monkey Mind 86
Muster 17, 22, 24, 43, 62, 79

Naturspaziergänge 86
Neokortex 86
Neuausrichtung 50, 61, 80
Neubeginn 61
Nullpunkt 32, 63, 80

Potenzial, wahres 9, 16 f., 18, 36, 43, 45, 77, 85, 92
Prägungen 13, 21, 23, 27, 30, 35, 43, 79, 83
Prägungen, institutionell-religiöse 25
Projektionen 27, 49, 61

Quantentheorie 9, 99

Räuchern 18 f., 55
Räucherrituale 19
Räucherrunden 19
Räucherwerke 18, 55
Raum, leerer 35, 46, 63
Raum, magischer 45, 75
Reinheit 35, 55 ff.
Reinigung 18 f., 55 ff.
Resonanzphänomen 44
Ritual 19

Schöpferbewusstsein 18, 73
Schüttelmeditation 39
Schwingung 43, 67, 71
Seele 22 f., 30, 32, 38, 47, 57 f., 64, 83
Seelenauftrag 17, 41, 91
Seelenplan 91 f.,
Sein, wahres geistiges 44
Selbst, essenzielles 22, 29, 32, 36, 45, 53, 75, 85, 89, 97
Selbst, wahres 41, 49, 82
Spannungen 27, 36 f., 68, 70
Sternengeschwister 18
Stimme, wahre innere 27 ff.
Stimme, innere 27, 28, 35, 49, 55, 62, 76, 91
Symbiose 9, 51

Tag-Nacht-Zyklus 16
Trance-Formation 17, 95
Transformation 6 ff., 14 ff., 36, 51, 67, 91, 99
Transformationsprogramm 9
Trennung 9, 50, 59, 73

Übergang 61 ff., 65, 75
Umfeld 27, 29, 36 f., 43, 50, 53, 59, 79
Umfeldbedingungen 30
Unordnung 63
Unterbewusstsein 15 f., 73, 85 f., 92

Verstandsebene 35 f.
Vertrauen 10, 63, 67, 75, 92
Vision 6, 53, 63, 75

Wachstum 6, 14 f., 17, 21, 45, 51, 70
Wahrnehmung 10, 14, 24, 50, 85
Wahrnehmungsfähigkeit 17, 57
Wandel 6, 9, 17, 61
Wende 7
Wesen, göttliches 25, 45, 53
Widerstand 17, 47, 65, 79, 83, 92
Willensbildung 24
Wunder 43, 76, 97
Wundschformel 74
Wünsche 49, 67, 73 ff.
Wurzeln, geistige 21 f.

Zeitqualität 7, 9, 29
Zirbeldrüse 14, 17, 19, 57, 81, 86, 89
Zukunft 22, 36, 41, 45, 53, 62, 65, 71, 75 ff.
Zyklen 15 f., 67, 97Index

BILDNACHWEIS

Mit 21 Farbfotos von Günter Kerschbaummayr (S. 2, 3, 4, 7, 12, 20, 23, 28, 34, 38, 42, 51, 63, 69, 75, 76, 78, 80, 84, 90, 96), 31 Farbfotos von Adobe Stock (Vlad Sokolovsky S. 8, alexugalek S. 11, milosz_g S. 14, Andrey Nikitin S. 16, Natalia Lisovskaya S. 19, mashiki S. 24, photoplace S. 26, cristianbalate S. 31, David Frederick S. 32, VirgoStudio S. 37, PopsaArts S. 40, KHBlack S. 46, yellowj S. 48, Pajaros Volando S. 52, wernerimages S. 54, Iosif Yurlov S. 56, Melipo-Art S. 58, mikelaptev S. 60, Orlando Florin Rosu S. 62, yossarian6 S. 64, New Africa S. 66, Martin S. 70, vencav S.72, Ju_see S. 74, Luiz S. 82, XtravaganT S. 87, artefacti S. 88, Natalya S. 93, Brian Jackson S. 94, colnihko S. 97, kanachaifoto S. 98, Aurelijus S. 100/101) und 1 Farbfoto von Katja Goebel (S. 103).

Mit 3 Illustrationen von Günter Kerschbaummayr unter Verwendung von 2 Illustrationen von shutterstock: OLania (S. 17) und Deiby Vargas (S. 44)

IMPRESSUM

Umschlag- und Klappengestaltung von Gramisci Editorial Design, München / Claudia Geffert, unter Verwendung eines Farbfotos von AdobeStock (chaolik) für Cover/U4 und 6 Farbfotos von Adobe Stock für die Buchklappen (K2: aufgeschlagenes Buch von Jennifer; U2: Pusteblume: von James Thew; S. 112: Kerzen von Melipo-Art; U3: Waldweg von GD schaarschmidt; K3: Räucherkelch von Sonja Birkelbach; K4 von Kerzen im Zimmer: pv10707).

Mit 60 Farbfotos und 3 Illustrationen.

ISBN 978-3-96860-100-7
Projektleitung: Dr. Stefan Raps
Gestaltungskonzept: Gramisci Editorial Design, München / Claudia Geffert
Gestaltung und Satz: Grafikdesign Storch / Ulrike Vohla
Produktion: Kim Kanstinger
Druck und Bindung: Westermann Druck Zwickau GmbH, Zwickau
Printed in Germany / Imprimé en Allemagne

3

Meditation,
UM EINFACH NUR ZU SEIN

Vielleicht hast du bereits eigene Erfahrungen mit der Meditation. Sie ist eine wunderbare Möglichkeit, den Geist zu beruhigen. Mein eigener Zugang ist sehr intuitiv – mit dem Ziel, nicht nur zu entspannen, sondern mit dem wahren Sein in Kontakt zu kommen. Leere im Geist und Stille im Umfeld sind dabei förderlich. Ebenso ist ein abgedunkeltes Zimmer hilfreich, damit die Energie nach der Meditation erhalten bleibt. Du kannst dabei die bewusste Atmung anwenden (siehe vordere Buchklappe). Sitze am besten bequem mit aufrechtem Rücken auf einem Meditationskissen oder einem Stuhl. Gehe mit der Atmung in die Stille und nimm wahr, was kommt. Sei einfach da.